DES

CAISSES DE RETRAITES & DE SECOURS

Créées au profit des ouvriers et employés des mines

PAR LA LOI DU 29 JUIN 1894

THÈSE POUR LE DOCTORAT

L'ACTE PUBLIC SUR LES MATIÈRES CI-DESSUS

sera soutenu le lundi 28 juin 1897, à 8 h. 1/2 du matin

PAR

Armand ROUGÉ

Avocat près la Cour d'appel

Président :   M. BEAUREGARD, *professeur.*

Suffragants {   MM. JAY, *professeur.*
      DESCHAMPS, *agrégé.*

PARIS

LIBRAIRIE MARESCQ AÎNÉ

A. CHEVALIER-MARESCQ ET Cie ÉDITEURS

20, RUE SOUFFLOT

1897

THÈSE

POUR

LE DOCTORAT

FACULTÉ DE DROIT DE PARIS

DES

CAISSES DE RETRAITES & DE SECOURS

Créées au profit des ouvriers et employés des mines

PAR LA LOI DU 29 JUIN 1894

THÈSE POUR LE DOCTORAT

L'ACTE PUBLIC SUR LES MATIÈRES CI-DESSUS

sera soutenu le lundi 28 juin 1897, à 8 h. 1/2 du matin

PAR

Armand ROUGÉ

Avocat près la Cour d'appel

Président :   M. BEAUREGARD, *professeur.*

Suffragants {   MM. JAY, *professeur.*
             DESCHAMPS, *agrégé.*

PARIS

LIBRAIRIE MARESCQ AÎNÉ

A. CHEVALIER-MARESCQ ET Cie ÉDITEURS

20, RUE SOUFFLOT

1897

INTRODUCTION

Dans un pays où l'Etat a décrété la libre circula-
tion des biens, sans garantir à chacun l'existence
matérielle, les plus riches mêmes sont susceptibles
de tomber dans le dénûment le plus absolu, s'ils ne
se sont pas constitué une réserve en vue d'une ruine
toujours possible : la prévoyance y est donc utile
pour tous. Tous la jugent ainsi, mais il n'est pas au
pouvoir de tous de la pratiquer spontanément. Et
la question se posait de savoir quel devait être le
rôle de l'Etat vis-à-vis des individus impuissants par
eux-mêmes à s'assurer des secours suffisants en cas
de maladie et une pension suffisante aussi pour la
vieillesse. Or, cette question a été récemment tranchée, du moins en ce qui concerne les employés et
ouvriers des usines, gens tous salariés, et dont la
grande majorité ne gagne, outre le strict nécessaire,
que de quoi pourvoir à quelques-uns seulement des
multiples besoins dérivés de l'homme. La loi du 29 juin
1894 a, en effet, créé au profit des mineurs, des caisses
de secours et de retraites obligatoirement alimentées par l'ouvrier et par le patron. L'attribut que

l'Etat politique s'est ainsi arrogé selon les uns, qui lui appartient en propre selon les autres, nous a incité, par l'intérêt qu'il présente, à faire une étude sur la loi qui l'a si catégoriquement consacré.

Comme nous ne disposions que d'un délai très étroitement et très rigoureusement limité pour composer notre thèse, nous avons dû borner notre travail au seul examen de l'objet concret de la loi du 29 juin 1894.

Nous avons ainsi éliminé, mais avec regret, car elle eût pu nous instruire sur les relations du présent avec le passé, l'étude du principe de la nouvelle loi par comparaison avec ceux des institutions de l'ancienne France, qui réglaient le mode de vivre de chacun.

Nous avons omis également l'étude des idées que le principe de la loi du 29 juin 1894 peut suggérer relativement aux droits de l'Etat à l'égard de l'individu. Mais il existe, tant en France qu'à l'étranger, toute une littérature sur les nombreuses faces de cette matière, et notre lacune serait facile à combler.

Nous nous sommes enfin dispensé de rechercher dans quel système d'économie politique il conviendrait de classer la loi du 29 juin 1894. Cette recherche n'eût cependant pas manqué d'attrait pour nous, dont l'esprit se complaît assez dans la spéculation pure, mais elle eût pu paraître oiseuse à ceux

— et ils sont le plus grand nombre — qui ne croient pas que la vérité économique puisse, en l'état actuel de la science sociale, être condensée dans une seule et rigide formule..

Nous nous en sommes donc tenu, comme l'indique, d'ailleurs, le titre de cet opuscule, à l'examen de celles des dispositions de la loi de 1894, qui ont créé des caisses de prévoyance au profit des mineurs et les ont organisées.

A vrai dire, ces dispositions constituent à elles seules toute la loi : les autres ne sont que transitoires et réglementaires ; elles énoncent en ce qui concerne le passé, les règles à suivre pour la transformation des institutions alors en vigueur. Nous ne ferons que les mentionner.

Si notre travail, ainsi compris, est court et terre à terre, il peut du moins, ne pas être dépourvu d'intérêt pratique. Qu'il soit agréé, et nous aurons la réconfortante pensée de nous être conformé dans une certaine mesure à la maxime de Sénèque :

« *Non scholæ, sed vitæ discimus* ».

Objet de la loi du 29 juin 1894

La loi du 29 juin 1894 établit et organise la prévoyance obligatoire au profit des mineurs. Elle
semble être en soi une loi spéciale et privilégiée.
Pourtant, il n'en est rien : les travaux parlementaires qui y ont abouti nous apprennent qu'elle n'est
que la réalisation partielle d'un principe en puissance, l'application à une catégorie d'ouvriers de la
prévoyance obligatoire pour toutes.

Il importait d'indiquer d'ores et déjà le caractère
expérimental de cette loi, pour qu'on pût bien se
pénétrer de l'esprit qui a présidé à la recherche de
ses causes.

CHAPITRE 1er

Causes efficientes.

I

Il tombe sous le sens que la prévoyance, utile pour tous, est indispensable pour ceux-là au moins, qui, tirant leur subsistance de leurs seuls bras, ne peuvent compter sur un secours suffisant et constant d'autrui lorsque leur vigueur physique est suspendue ou éteinte, et doivent, néanmoins, continuer de vivre sans transgresser les lois. Or, le manouvrier, car c'est pour lui, surtout, qu'elle est nécessaire, peut-il pratiquer la prévoyance ? Nous pensons que depuis fort longtemps il en a les moyens matériels, mais qu'il n'en a jamais eu la force morale.

Nous sommes persuadé, en effet, que l'homme valide, depuis qu'il est libre, a toujours pu, avec son salaire, satisfaire et ses besoins essentiels et quel-

ques-uns de ceux que l'on est convenu d'appeler ar-
tificiels. A défaut de statistique pour fonder notre
opinion au sujet des ouvriers de l'ancien régime et
de la première moitié de la période contemporaine,
nous avons le fait incontesté de leurs régulières li-
bations dominicales ; et, en ce qui concerne ceux de
nos jours, nous avons le chiffre bien éloquent de
·deux milliards de francs, qu'atteignent leurs dépenses annuelles en petits verres. Et nous ne sachions
pas que, jamais, dans aucune société civilisée, l'inges-
tion alcoolique ait été considérée, même par ceux qui
s'y adonnent, comme une des fins de l'activité hu-
maine (1).

(1) Qu'on ne déduise pas de cette opinion, plutôt coura-
geuse à une époque où la plupart des publicistes mettent sur
le compte exclusif de la cupidité patronale la misère du travailleur, — qu'on n'en déduise pas que, selon nous, tout va
pour le mieux dans le meilleur des mondes. Nous pensons au
contraire qu'il y a une question sociale, mais qu'elle comporte
une infinité de points parce qu'on ne saurait concevoir une
limite à la civilisation d'où elle est née, et que, partant, il est
aussi vain qu'absurde d'en chercher une solution définitive.

L'homme est mû par deux instincts : l'instinct de la con-
versation et l'instinct de l'imitation : l'un est impérieux, irrésistible et le premier soin d'un gouvernement qui veut vivre,
lui aussi, doit être de prendre telles mesures qui en facilitent
la satisfaction, sans toutefois supprimer cet aléa stimulant de
l'énergie productrice. L'autre est moins pressant, et cependant, c'est celui-ci qui, exaspéré en l'une de ses formes, a
fait la Révolution française, laquelle imbue d'un esprit plus
religieux que rationnel, supprima les privilèges seigneuriaux

Mais alors, pourquoi le travailleur, au lieu d'employer une partie de son salaire à une consommation inutile, nuisible même, ne la consacre-t-il pas de son propre mouvement à la constitution d'une réserve pour les inéluctables mauvais jours ? C'est qu'il n'a pas la force morale nécessaire pour sacrifier à la perspective, d'ailleurs vague et lointaine, d'une maladie soignée ou d'une vieillesse tranquille la jouissance que va lui procurer la satisfaction d'un désir présent. La prévoyance spontanée ne peut être que le résultat d'une civilisation déjà avancée ou bien le fait irraisonné de la tradition. Or, il est hors de doute que la classe ouvrière, restée à l'écart de cette bataille des idées où l'on apprend à réfréner ses fantaisies, a conservé de l'homme primitif, l'irrésistible envie de plaisirs immédiatement réalisables ; et, sauf exception dans les pays miniers où des sociétés de secours et de retraites libres s'étaient établies, d'une façon généralement si imparfaite et si insuffisante d'ailleurs, que l'Etat les a complètement transformées, sauf cette exception, il est hors de doute aussi

sans rien créer d'analogue à ce qui en était la contrepartie sinon en fait, du moins en droit. De sorte que, la question sociale, qui se résume actuellement pour beaucoup en une question d'estomac, ne se présenterait peut-être pas sous cette face si le législateur de 1789 eût été moins fanatique, plus analytique et plus logique.

que chez les ouvriers la tradition a toujours été contraire à la prévoyance.

En présence de cette impossibilité où se trouve le travailleur de pratiquer efficacement de son chef la prévoyance, sans laquelle pourtant, il est voué à une existence pleine d'angoisses, que doit faire l'Etat? Il doit : ou bien réformer l'éducation de l'ouvrier, et, lui laissant l'entière disposition du produit de son travail, l'amener à user de sa liberté dans le sens le plus favorable à son développement physique tout au moins — ou bien affecter impérativement une quotité de son salaire à des institutions de prévoyance organisées de toutes pièces à son profit.

Mais la première tâche eût été trop longue et trop laborieuse, et l'Etat, vu l'urgence du cas, n'a pas pu songer à l'entreprendre. Il a adopté le deuxième mode d'intervention. Celui-ci paraît moins respectueux de la liberté individuelle que l'autre, mais s'il donne la sécurité dans l'avenir, ne constitue-t-il pas au fond un accroissement de liberté générale, un progrès ? Et n'avons-nous pas le droit d'applaudir dès maintenant le gouvernement, qui, ayant enfin découvert une des causes — la principale peut-être — du mal social actuel a expérimenté là où il était le plus facile à appliquer, sur les mineurs, l'énergique et vraisemblablement approprié remède de la prévoyance obligatoire ?

II

Les considérations d'intérêt individuel que nous avons exposées dans le précédent paragraphe suffiraient à expliquer et à légitimer la prévoyance imposée déjà aux mineurs et la consécration législative attendue des projets d'extension de la même mesure à tous les ouvriers de l'industrie. Mais ce sont aussi et surtout des considérations d'intérêt général qui ont motivé l'immixtion de l'Etat dans l'économie ouvrière.

Car cette misère résultant de l'imprévoyance ne s'arrête pas à l'ouvrier malade ou vieux qu'elle frappe : elle a des répercussions, qui menacent, troublent même l'ordre public. C'est, en effet, d'abord à la famille, quand il en a une, que l'ouvrier, qui a vécu au jour le jour jusque là, se confie pour le soutenir dans sa maladie ou sa vieillesse. Or, souvent nous voyons cette famille supporter avec tant d'aigreur la lourde charge de son membre inutile (1), que quelquefois celui-ci la déserte et va se joindre au troupeau errant de ceux qui n'en ont pas et qui demandent à la charité publique de soulager leur

1. Les peuples primitifs égorgeaient les vieillards, probablement parce qu'ils étaient inutiles. Les hirondelles tuent celles de leur vol qui faiblissent au cours d'un voyage.

détresse, lorsqu'ils ne cherchent pas leur salut dans le crime même.

La discorde dans le foyer ouvrier, le grossissement de la tourbe où se recrutent les malfaiteurs constituent incontestablement un mal social. Or, ce mal, plus répandu peut-être sous l'ancien régime qu'aujourd'hui, mais certainement moins aigu alors, parce que les quelques livres où il était commenté ne furent jamais lus par ceux qui en souffraient, ce mal a été aggravé dans notre siècle et par l'inanité de solennelles promesses d'un régime moins inique et par les lamentations subversives d'une presse humanitaire.

Dans les centres compacts des ouvriers mineurs, il avait déjà été exaspéré par le spectacle des mêmes souffrances autour de soi, par la menace des mêmes dangers pour chacun. Aussi, voyons-nous se produire là, de bonne heure, une étroite solidarité, d'où sont partis d'abord des élans de généreuse et mutuelle sympathie, d'où sont nées ensuite des institutions de prévoyance rudimentaires, que la tradition surtout a maintenues, mais qui sont toujours restées inefficaces, tant par l'impuissance naturelle des mineurs à des sacrifices suffisants, que par la concentration de leurs forces nouvelles sur d'autres points, où la lutte était moins difficile et le succès plus certain (1).

1. *Droit de coalition*, 1863. *Droit d'association*, 1884. Loi sur

Quoiqu'il en soit, des caisses de prévoyance, à l'alimentation desquelles concouraient généralement l'ouvrier et le patron existaient bien longtemps déjà avant 1894 dans presque tous les pays miniers. Et le champ paraissait ainsi indiqué au législateur pour expérimenter la prévoyance obligatoire.

Causes occasionnelles.

Elles ont été longuement exposées comme causes premières et déterminantes d'une législation privilégiée en faveur des ouvriers des mines : mais il résulte des travaux parlementaires d'où est sortie la loi du 29 juin 1894 et où elles ont été reproduites avec beaucoup de développement encore, qu'elles ont seulement motivé le choix du milieu où se ferait l'essai de la prévoyance obligatoire.

Aussi, avons-nous jugé que leur place sous cette rubrique « causes occasionnelles » était toute marquée dans la recherche de ce qui a amené la loi expérimentale de 1894.

les délégués mineurs, 1890. Celle-ci les associe directement à la surveillance des travaux intérieurs de la mine et leur donne le moyen de saisir au moment où elles n'ont pu encore disparaître les causes des accidents malheureusement si fréquents et si graves de l'exploitation souterraine.

I

Etat de la prévoyance dans les pays miniers avant la loi de 1894.

Insuffisance des secours. — Presque tous les ouvriers mineurs participaient à des caisses de secours et de retraites avant la loi de 1894 : dans un relevé statistique fait en 1893, on comptait 98 pour 100 assurés. Mais les sommes qui leur étaient distribuées étaient tout à fait insuffisantes. M. Mazeron voulant le démontrer par un chiffre a établi dans son rapport du 5 juillet 1885 à la Chambre, la moyenne des secours reçus (service médical compris) en 1882 : il a trouvé qu'elle était de 47 fr. 71 par ouvrier. Ce chiffre, à peu près le même en 1894, ne prouve pas. Car il a été obtenu en divisant le total des allocations fournies par le nombre de tous les ouvriers des mines, tandis que pour être concluant, il aurait dû être le quotient d'une répartition entre les malades ou vieux seulement. Mais la nécessité pour ces derniers de recourir à la charité publique ne nous permet pas de douter de l'insuffisance de leurs caisses de prévoyance.

Situation inquiétante des caisses. — La situation

financière d'un certain nombre de caisses était loin d'être satisfaisante avant la loi nouvelle. Aux engagements contractés par les exploitants pour l'attribution de pensions d'invalidité ou d'accidents correspondaient des réserves bien inférieures au capital nécessaire au service des rentes. Il en était de même dans les caisses organisées avec le concours des ouvriers et employés.

D'après les renseignements recueillis par les ingénieurs des mines, M. Cuvinot a établi, dans son rapport au Sénat, un tableau qui résume assez exactement la situation en ce qui concernait les pensions acquises et servies avant 1894. On y constate un déficit de 27.500.000 francs.

A ce déficit venait s'ajouter le capital correspondant aux pensions de retraites en cours d'acquisition et que l'on pouvait évaluer par approximation à 17.500.000 francs au minimum.

Le déficit total atteignait donc au moins 45 millions.

L'importance de cette somme montre de quelle imprévoyance avaient fait preuve les organisateurs des caisses ; elle montre en même temps que les errements suivis jusqu'alors n'auraient pu être continués sans de graves inconvénients.

*Arbitraire des règlements régissant les caisses de pré-
voyance des mineurs avant la loi de 1894.*

Outre l'insuffisance de leurs secours incertains,
les caisses de prévoyance des mineurs présentaient
généralement la réglementation la plus inique. Nous
reproduisons les dispositions de leurs statuts, qui
étaient le plus fréquemment adoptées, et cela autant
pour montrer ce qui a sollicité le législateur à intervenir, que pour indiquer dans quel sens s'impo-
serait la réforme.

Avant 1894, les ouvriers mineurs qui participaient à une caisse de prévoyance en vue d'acqué-
rir une pension viagère pouvaient être répartis en
trois catégories, savoir :

1° Mineurs dont la retraite était constituée au
moins pour partie au moyen du livret individuel 20.649

2° Mineurs dont la retraite en cours d'acquisition était à la charge exclusive de
l'exploitant 28.889

3° Mineurs dont la retraite en cours d'acquisition était à la charge des caisses de
prévoyance 71.041

Total. 120.579

Livret individuel. — Les ouvriers de la première

catégorie étaient de beaucoup les plus favorisés. Le principe du livret individuel étant admis, la sécurité des intéressés deviendrait complète le jour où les majorations pour longs services seraient garanties par le versement à une caisse spéciale du capital nécessaire au service des primes. Cette amélioration était d'une réalisation facile (Cuvinot. Rapport. Sénat, annexes 1893).

Pensions à la charge des exploitants. — Dans les entreprises où la charge des pensions incombait à l'exploitant, la situation des ouvriers était bien différente. Quelques exemples montreront cette situation sous son véritable jour.

L'une des compagnies allouait en dehors de tout règlement des rentes dont elle se réservait de fixer le montant. L'ouvrier n'avait aucun droit.

D'autres stipulaient des allocations, mais en les subordonnant à des conditions d'âge et de durée de services qu'il était difficile de remplir.

Voici plusieurs extraits des règlements adoptés.

« Tout ouvrier qui, par suite de vieillesse, d'amputation de membres, de blessures graves est impropre à aucun travail du fond et du jour aura droit à une pension de retraite variant de 5 francs à 20 francs par quinzaine, suivant l'âge et la durée des services. Pour avoir droit à une pension de vieillesse, il faut avoir travaillé au moins quinze ans sans interruption dans les mines ou les ateliers de la Compagnie.

Les pensions même acquises et fixées pourront être supprimées ou réduites pour des motifs graves dont le Conseil d'administration sera seul juge. »

Dans une autre exploitation, on exigeait pour l'admission à la retraite soixante ans d'âge et trente années de service.

Dans une autre encore, le règlement portait :

«..... Ces pensions ou secours annuels sont accordés sur la proposition des chefs de service aux ouvriers une fois âgés ou infirmes, devenus impropres aux travaux du fond et du jour, à leurs veuves où à leurs orphelins...

L'ouvrier mineur pourra demander sa mise à la retraite après quinze années consécutives passées à la Compagnie, s'il est âgé de cinquante ans et incapable de tout travail ».

On lit enfin dans le règlement d'une Compagnie :

« Pour obtenir une retraite, il faut être âgé d'au moins cinquante-cinq ans accomplis, avoir travaillé pendant trente années pour la Compagnie à partir de l'âge de dix-huit ans accomplis... Une retraite proportionnelle, pour cause d'infirmités contractées dans les travaux, pourra être accordée après vingt ans de travail et à quarante-cinq ans d'âge...

Les agents et ouvriers de la Compagnie n'ayant

supporté aucune retenue ni payé aucune cotisation n'ont pas de droit proprement dit dont ils puissent exciper judiciairement. Cette retraite, qui n'est qu'une récompense qui leur est accordée gracieusement et bénévolement par la Société des mines pourra être suspendue et même supprimée par son gérant pour des motifs très graves dont il sera seul juge ».

Pensions à la charge des caisses de prévoyance. — Les règlements des caisses alimentées à la fois par les cotisations des ouvriers et par des allocations des patrons contenaient des dispositions analogues.

En voici quelques extraits :

« Il est accordé une pension viagère de six à vingt francs par quinzaine :

1° A tout ouvrier incapable de travailler par suite de blessures reçues au service des mines ;

2° Aux ouvriers sans ressources ayant au moins quinze années de service dans la société et reconnus incapables de travailler au fond et au jour, suivant l'âge, les services rendus et le temps passé dans les travaux ;

3° Aux veuves des ouvriers qui sont morts de blessures reçues dans les travaux ».

La caisse étant alimentée par une retenue de 3 pour 100 sur les salaires et par un don de 1 pour 100 fait par la Compagnie, on voit que cette der-

nière s'était constitué une assurance contre les accidents par la faible allocation de 1 p. 100.

Dans une exploitation où la caisse était alimentée
par une retenue de 4 p. 100 sur les salaires et une
somme égale de la Compagnie, le règlement portait :

« Tout ouvrier du fond et du jour, pour être pensionné, devra avoir versé au moins pendant dix ans
à la caisse de secours et de pensions, et, de plus, être
reconnu, par le comité médical de la Compagnie, impropre à tout travail du fond et du jour...

Tout ouvrier quittant volontairement la Compagnie ou qui en est renvoyé perd tous droits éventuels
à la pension...

La commission de la caisse de secours et pensions
conserve le droit de modifier le présent règlement et
d'augmenter ou de diminuer le taux des secours et
pensions, tels qu'ils sont fixés par le règlement selon la situation de la caisse...

Toute réclamation ou contestation... sera tranchée
en dernier ressort et sans appel par la commission... »

Ce règlement ne donnait aucune sécurité aux ouvriers, aucune garantie aux pensionnés. En revanche,
il exonérait complètement la Compagnie de toute
responsabilité en cas d'accident.

Dans le règlement d'une caisse de secours alimentée par des cotisations des ouvriers variant de

50 centimes à 1 fr. 50 par quinzaine, suivant la classe, et par des subventions de la Compagnie, on lit:

« Le comité d'administration voulant donner à ses ouvriers une preuve nouvelle de sa sollicitude et de sa bienveillance, a pris la décision d'augmenter la subvention que la société verse annuellement à la caisse de secours, de façon à permettre à celle-ci de payer à l'avenir un secours journalier :

De 1 franc, aux ouvriers invalides ayant plus de dix ans de services à la société ;

De 1 fr. 50, aux ouvriers invalides ayant plus de vingt ans de services à la société...

Nul ne sera admis à recevoir un secours régulier d'invalidité s'il n'a été reconnu impropre à tout travail du fond et du jour par le comité médical de la société ».

Ce règlement ne comportait pas d'engagement précis de la part de la Compagnie : il ne stipulait aucun droit à pension pour ancienneté de services.

Nous trouvons encore dans le règlement d'une caisse de secours obligatoire pour les ouvriers, alimentée par un prélèvement de 2 p. 100 sur les salaires, sans allocation régulière de la Compagnie, les dispositions suivantes :

« Des secours sont alloués : 1° à l'ouvrier mutilé ou réduit à l'impossibilité de travailler par suite de blessures reçues en travaillant soit à l'extérieur, soit

à l'intérieur de la mine, à raison de 1 franc par jour ;
2° à l'ouvrier qui, sans être absolument incapable
de travail, éprouve cependant une incapacité relative
dûment constatée...

La commission de la caisse a pleins pouvoirs pour
fixer la durée des allocations, les augmenter, les
réduire ou les supprimer, suivant les cas en pre-
nant en considération l'âge, la force des ayants
droit, leurs ressources personnelles... Tous ces divers éléments de décision sont combinés avec l'état
des ressources de la caisse...

L'ouvrier qui abandonne les exploitations de la
Compagnie perd tout droit au bénéfice des dispositions qui précèdent... »

Voici enfin d'autres extraits que nous reproduisons sans commentaires :

« Tout ouvrier âgé de soixante-ans et au-dessus
qui serait hors d'état de travailler et qui justifierait
de trente ans de travaux consécutifs dans la mine,
recevra cinquante centimes par jour pendant la durée
de l'exploitation... Il est bien entendu que les distributions de secours réglés par les articles précédents ne pourront s'effectuer qu'autant que les fonds
de la masse y suffiront ».

« Lorsque la situation financière le permettra, et
toujours dans des limites très restreintes, la commission pourra accorder des secours temporaires :

aux ouvriers hors d'état de travailler par suite de blessures contractées dans les travaux ou après être restés vingt ans consécutifs au service de la Compagnie ».

« Il est institué une caisse de retraite pour les vieillards âgés de soixante ans au moins et reconnus hors d'état de travailler. Seront seuls admis à la retraite, les ouvriers qui, ayant atteint la limite d'âge après vingt ans de services consécutifs et non interrompus se trouveront dans le cas absolu d'incapacité de travail.

Pourront être admis à la retraite avant l'âge de soixante ans, les ouvriers qui, après vingt ans de service non interrompu, seront absolument impropres au travail... »

« Il pourra être établi des pensions au profit d'ouvriers travaillant depuis longtemps à la mine et que l'âge ou les infirmités forceraient à la retraite. Le taux de ces pensions sera fixé par la commission, qui prendra en considération les services rendus par l'ouvrier et sa position.

Nul ne pourra prétendre à une pension de retraite s'il n'a au moins soixante ans d'âge et s'il ne compte au moins vingt-cinq ans de services effectifs non interrompus dans les travaux de la société... Tout ouvrier, quittant volontairement la mine ou se faisant renvoyer par suite de mesures disciplinaires, perdra ses droits à la retraite.

« Il est entendu que les distributions de secours ne pourront s'effectuer qu'autant que les fonds de la caisse y suffiront. A cet effet, le Conseil d'administration est investi de tous pouvoirs pour modifier les rétributions des ouvriers, des veuves et de leurs enfants, selon les ressources de la caisse et la position plus ou moins nécessiteuse de chacun des intéressés » (1).

C'était, en un mot, le régime du bon plaisir et de charité qui existait en la matière avant 1894; il fallait le remplacer par un régime de mutualité et de droit.

II

Conditions particulièrement périlleuses du travail des mineurs (2).

Quiconque a vécu pendant quelque temps en contact avec les ouvriers des mines et s'est rendu compte des conditions de leur travail en a conservé un ineffaçable souvenir et un sentiment de profond intérêt.

1. Voir le rapport de M. Cuvinot. Sénat, annexes, 1893.
2. Extrait du rapport de M. Mazeron. Chambre, annexes, 1885.

L'auteur des cahiers des doléances a tracé de la journée du mineur de houille un tableau saisissant (chap. 16, page 30), (Georges Stell, Paris, Bureaux du capitaliste, 4, faubourg Montmartre, pages 83 à 91) et un publiciste avait écrit avant lui : « Les mineurs ne sont pas des ouvriers ordinaires ; séparés souvent de la mort par la longueur de leur pic, soumis aux coups de feu, aux éboulements, aux inondations, ils luttent toute leur vie contre le danger.

Il existe certaines mines où la mortalité par accidents est de 1 sur 79 et les blessés de 1 sur 24.

Il ne se passe guère de semaine sans que les journaux nous apportent le récit de terribles accidents occasionnés par le grizou, l'éboulis, l'incendie des boisages, l'inondation, les coups de feu.

Les mineurs sont sujets à des maladies particulières, qui ont pour cause les conditions anormales et contraires à l'hygiène, dans lesquelles ils sont obligés de vivre et de travailler. L'anémie spéciale, la maladie de poitrine, l'hydarthrose du genou, l'éruption pustuleuse des membres inférieurs, les rhumatismes articulaires, l'encombrement charbonneux des poumons chez les houilleurs, ont été étudiés et décrits par les spécialistes les plus compétents. Aussi M. l'ingénieur en chef O. Keller, résumant à ce point de vue l'enquête de 1883, a-t-il pu dire que « l'ouvrier mineur quand il est vieux, est incapable de tout travail.

III

Mesures déjà prises à l'étranger en faveur des ouvriers mineurs (1).

En Prusse, la loi du 24 juin 1865 édictait l'obligation pour les ouvriers et les concessionnaires de contribuer à l'alimentation des caisses de prévoyance.

Chaque caisse était tenue : de fournir en cas de maladie, le traitement médical, les médicaments et une indemnité pécuniaire, de pourvoir aux frais des funérailles, de donner une pension viagère en cas d'incapacité de travail et d'accorder des secours aux veuves et aux enfants.

En Belgique, à partir de 1839, on trouve des associations de prévoyance, « créées surtout en vue de porter assistance aux victimes d'accidents survenus dans les usines... La caisse commune se réserve de pourvoir, en cas d'accidents, aux nécessités auxquelles les ressources des caisses de secours de chaque établissement prises isolément ne sauraient suffire. Son objet est principalement de donner des pensions, soit aux ouvriers mutilés et incapables de travailler, soit aux veuves, aux enfants en bas-âge,

1. Extrait de la proposition de M. Brossard du 11 décembre 1880

aux vieux pères et mères d'ouvriers qui ont péri ».

L'affiliation aux caisses communes était facultative pour les exploitants, mais pouvait être rendue obligatoire pour les ouvriers par le règlement particulier de chaque entreprise.

Les statuts des caisses communes étaient approuvés par des arrêtés royaux. Les caisses étaient alimentées par une retenue de 1/2 p. 100 sur les salaires et par un versement égal des exploitants.

A la suite d'une enquête ouverte en 1852, sur la question des caisses et de la participation obligatoire, on met à l'étude une législation nouvelle.

Le vote de la Chambre des députés intervient quinze ans après, au mois de novembre 1867. La loi donnait aux caisses communes de prévoyance le droit de se faire reconnaître par le gouvernement. Elle leur attribuait la faculté d'ester en justice, de recevoir des dons et legs, l'exemption des droits de timbre et d'enregistrement. Les statuts de chaque caisse devaient fixer le montant des pensions et secours. Les ressources se composaient : des retenues opérées sur le salaire des ouvriers ; des subventions des exploitants égales aux retenues ; des subsides de l'Etat et des Provinces, de dons, legs et donations d'objets mobiliers.

L'Allemagne est allée encore plus loin dans la voie des réformes humanitaires : Elle a établi, par une loi récente, l'assurance obligatoire pour tous les ouvriers de l'industrie.

C'est donc à l'occasion d'une réforme de justice à accomplir en faveur d'ouvriers, pour qui les conditions de travail sont particulièrement dangereuses et qui étaient déjà protégés à l'étranger par une sérieuse organisation de la prévoyance, que le législateur français a créé à leur profit des caisses de secours et de retraites obligatoires.

CHAPITRE II

DU CARACTÈRE DE L'INGÉRENCE DE L'ÉTAT DANS L'ÉCO-
NOMIE DES MINEURS OU DE LA PORTÉE DE LA LOI DU
29 JUIN 1894.

Principe de la loi du 29 juin 1894. — La loi du 29
juin 1894 édicte, pour l'alimentation des caisses de
prévoyance qu'elle crée au profit des mineurs, un
prélèvement obligatoire sur le salaire de l'ouvrier et
une allocation également obligatoire du patron.

Les considérations et les faits que nous avons exposés dans le chapitre précédent, devaient décider l'intervention du législateur en faveur des ouvriers des
mines, d'abord ; mais si une législation nouvelle et
immédiate était reconnue nécessaire pour eux, il
fallait encore savoir quel en serait le principe.
Obligerait-elle à l'alimentation des caisses le patron
et l'ouvrier à la fois, ou le patron seulement et dans
la mesure où y participerait volontairement l'ouvrier,
ou bien laisserait-elle à l'un et à l'autre leur liberté

propre et respective, se bornant ainsi à un simple conseil pour tous les deux ?

Nous allons voir, par l'historique de la question, que ces différents systèmes ont été proposés au Parlement et comment le premier a été adopté.

Historique de la question au Parlement.

La situation des mineurs a inspiré plusieurs projets de loi : nous indiquerons, dans ce chapitre, seulement vers quoi ils tendent et sur quoi est fondé leur principe.

11 décembre 1879. — *Proposition de M. Nadaud et d'un certain nombre de ses collègues (Chambre des députés).*

Objet. — L'exposé des motifs se prononçait pour la création d'une caisse de retraites obligatoire, alimentée par des versements de l'ouvrier, par une cotisation du patron et une subvention de l'Etat. Par ses termes plus généraux, la proposition tendait à la nomination d'une commission qui présenterait un projet de loi sur la création d'une caisse de retraites en faveur des vieux ouvriers de l'industrie et de l'agriculture.

Justification. — L'Etat édictait la participation obligatoire aux caisses, èn raison de son droit de prendre les mesures propres à assurer le bien-être de tous.

La proposition de M. Nadaud n'était pas particulière aux mineurs, mais elle s'appliquait à eux ; et elle se trouva d'ailleurs liée à une proposition de loi spéciale, elle, aux mineurs, présentée par M. Brossard et renvoyée à la même commission.

11 décembre 1880. — *Proposition de M. Brossard (Chambre des députés)*.

Objet. — La proposition de M. Brossard était relative à des caisses centrales de retraites et de secours pour les ouvriers mineurs. Elle avait pour but de faire jouir d'avantages analogues à ceux dont profitent les sociétés de secours mutuels, les caisses centrales, qui auraient pu se constituer (à l'instar de celle qui fut fondée en 1870, à Saint-Etienne), dans les districts miniers en faveur des ouvriers français. Ces caisses auraient été alimentées, surtout par les retenues et les cotisations auxquelles auraient consenti l'ouvrier et le patron, en vertu du contrat qui se fût formé librement entre eux.

Justification. — La proposition de M. Brossard ne comportait aucune mesure impérative, qui eût besoin d'être légitimée.

14 mai 1881. — *Rapport de M. Nadaud sur les
propositions de loi :*

1° De MM. Nadaud et consorts tendant à créer une
caisse nationale de retraites pour les vieux ouvriers
de l'industrie et de l'agriculture ;

2° De M. Brossard, relative aux caisses centrales
de pensions et de secours des ouvriers mineurs.

Le rapporteur fait savoir que l'enquête ouverte
par la commission, n'a pas été favorable à l'adoption
des idées contenues dans l'exposé des motifs de
sa proposition de loi, que, notamment, le principe
de l'obligation a rencontré une opposition de la part
des intéressés. Il énonce ensuite les conditions auxquelles doit satisfaire une caisse nationale des retraites de la vieillesse, ajoute qu'il convient d'encourager par des subventions les sociétés de secours
mutuels, qui font le service des pensions, et sans
avoir dit un seul mot de la proposition de M. Brossard, il propose un texte élaboré par la Commission
dans la séance du 1er avril 1881.

Ce texte écartait absolument la proposition de M.
Nadaud et avait pour unique objet de réglementer le
taux d'intérêts à servir par la caisse nationale des
retraites de la vieillesse, de fixer le montant des dépôts, les subventions annuelles à accorder aux sociétés de secours mutuels et à la caisse des retraites

pour bonification d'intérèts, enfin d'instituer une commission supérieure (1).

Le rapport de M. Nadaud, du 14 mai 1881, précéda de trop peu la fin de la législature pour aboutir à une discussion.

La législature suivante amena à la Chambre quatre propositions nouvelles :

1° 21 *novembre 1882. — Proposition de MM. Reyneau et Gilliot (Chambre des députés).*

Objet. — Cette proposition tendait à ajouter à la loi du 21 avril 1810, sur les mines, plusieurs dispositions relatives aux obligations des concessionnaires et à l'exercice de la surveillance par l'administration.

Justification. — Dans leur exposé des motifs, très court, les auteurs de la proposition disaient que le législateur doit intervenir dans les relations du capital et du travail, surtout lorsqu'il s'agit d'industries ayant pour origine une concession faite par l'Etat et régies par une législation où l'intervention de l'autorité publique est expressément stipulée.

1. Voir la loi du 20 juillet 1886 sur la caisse nationale des retraites. Voir pour les sociétés de secours mutuels, L. 15 juill. 1850 ; D. D. 14 juin 1851, 26 mars 1852, 27 oct. 1870.

2° 30 novembre 1882. — *Proposition de M. Brousse
et cinquante-deux autres députés.*

Objet. — Cette proposition concernait les caisses
de retraites et de secours des ouvriers mineurs :
Elle imposait aux exploitants l'obligation d'en créer
partout dans les centres miniers et de faire homologuer leurs statuts par le ministre. Les auteurs de
la proposition laissaient à l'ouvrier la liberté de participer aux caisses.

Justification. — On invoquait à l'appui de la proposition la loi de 1810 et le décret de 1813 : on allé-
guait que l'Etat a, dans ces deux actes, fait preuve
de prévoyance à l'égard des ouvriers et qu'il pouvait
aller plus loin dans cette voie sans outrepasser ses
droits vis-à-vis des exploitants.

3° 30 novembre 1882. — *Proposition de M. Waldeck-
Rousseau et trente-deux de ses collègues (Chambre
des députés).*

Objet. — La proposition Waldeck-Rousseau était
relative à la création et à l'organisation de caisses
de secours et de retraites pour les ouvriers mineurs.
Elle avait pour objet une législation spéciale et privilégiée en faveur des ouvriers des mines : spéciale,
parce que, dit l'exposé des motifs, « certaines mesures justifiées par la législation qui régit les mines

ne sauraient trouver place que dans une loi particulière » ; privilégiée, parce que « les conditions particulières du travail, si pénible et si dangereux, imposé aux mineurs, justifiaient une coopération plus large de l'Etat avec des ouvriers qui, dans un certain sens, peuvent être considérés comme travaillant pour lui ».

Les auteurs de la proposition imposaient aux concessionnaires une contribution et laissaient toute liberté aux ouvriers d'adhérer aux caisses et de fixer par leur entente le montant des versements.

Justification. — « Le principe d'une contribution imposée aux concessionnaires trouve sa justification dans la législation même, qui règle les conditions et charges générales de la concession.

« L'industrie des mines n'est pas une industrie libre. Le législateur a retenu pour l'Etat le droit de prescrire toutes les mesures qu'il jugera d'intérêt général, et, entre autres, celles qui concernent les devoirs des concessionnaires envers les ouvriers. On peut citer, dans cet ordre d'idées, les art. 15, 16 et 20 du décret du 3 janvier 1813.

« C'est par application de ce droit qu'en 1813 et en 1817, de simples décrets prescrivirent la création des caisses de secours pour les mineurs de l'Ourte et de Rive de Gier ; ils portaient notamment qu'une contribution calculée, soit sur le montant des salaires, soit sur les quantités de houille extraite, serait perçue sur les concessionnaires. »

4° 13 mars 1883. — *Proposition de MM. Chavanne et Girodet (Chambre des députés).*

Objet. — MM. Chavanne et Girodet proposaient la création d'une caisse nationale de prévoyance et de retraites pour les ouvriers mineurs (1). Le principe de l'institution était l'obligation à l'alimentation de la caisse et pour le patron et pour l'ouvrier.

Justification. — « Le droit de l'État d'imposer cette charge aux exploitants, résulte de la nature même de la propriété souterraine et du monopole de la concession... On a parlé, à propos de l'ingérence de l'État dans la question des mineurs, de socialisme d'État. C'est un abus de mot. L'État, qui doit protéger la société contre les abus, d'où qu'ils viennent, et qui, de plus, a le droit de modifier les monopoles qu'il concède, ne fait que son devoir en défendant les ouvriers contre leur propre imprévoyance et celle des exploitants ; et s'il leur impose, dans leur intérêt, certaines mesures, s'il les soumet à certaines charges provisoires, c'est par le simple exercice de la tutelle administrative. » (Extrait de la proposition Chavanne et Girodet).

1. Ils proposaient aussi l'institution d'une caisse locale de secours au siège de toute concession de mine, de houille.

7 juillet 1885. — *Projet de la commission de la Chambre des Députés : Rapporteur, M. Mazeron.*

Objet. — Les quatre propositions précédentes, renvoyées à l'examen d'une même commission, furent l'objet d'un rapport de M. Mazeron proposant pour chaque exploitation la création obligatoire d'une caisse de prévoyance avec contribution égale du patron et de l'ouvrier.

Justification. — « Nous ne saurions trop le répéter, dit M. Mazeron dans son rapport, que c'est en raison de la nature spéciale de la propriété des mines ; c'est parce que cette propriété résulte de concessions gratuites faites par l'Etat ; c'est parce que l'Etat a conservé sur cette propriété au point de vue des rapports des ouvriers et des patrons, comme au point de vue technique, un droit de surveillance et d'intervention, que le législateur peut imposer aux compagnies la contribution aux caisses de retraite et de secours dans les conditions qu'il détermine.

C'est aussi pour ces raisons et pour un motif de réciprocité qui s'impose, que les ouvriers peuvent être astreints à des obligations de même nature.... Les mines sont sous l'empire d'un droit exceptionnel : loi du 21 avril 1810 et décret du 3 janvier 1813.

Ce projet tomba avec les pouvoirs de la Chambre. Mais il fut repris au début de la législature suivante, le 19 novembre 1885 par MM. Audiffred, Raymond et plusieurs autres députés ; le 23 novembre par MM. Brousse, Clémenceau et un certain nombre de leurs collègues, comme base de nouvelles études.

Les deux propositions furent prises en considération le 30 décembre suivant.

Le rapporteur de la commission nommée M. Mazeron présenta le 1ᵉʳ juillet 1886, un premier rapport indiquant seulement le dépôt sur le bureau de la Chambre des dépositions recueillies par la commission du 23 mars au 1ᵉʳ avril 1886. Le 21 mars 1887, M. Audiffred déposait un deuxième rapport avec les conclusions définitives de la commission.

21 mars 1887. — Projet de la commission de la Chambre des Députés : Rapporteur M. Audiffred

Objet. — Le projet prescrit l'établissement de caisses de secours et de retraites avec versements et retenues obligatoires.

Justification. — L'obligation de retenues et versements peut être édictée, car, dit le rapporteur, « les ouvriers de l'industrie des mines sont, comme ceux des chemins de fer, dans une situation particulière vis-à-vis de l'Etat. L'Etat a conservé sur ces industries des droits spéciaux, qu'il n'a pas à l'égard des autres. Et ces droits sont nettement formulés dans les lois et cahiers des charges.... L'Etat a le droit d'imposer l'obligation lorsqu'elle lui paraît avantageuse et facilement réalisable, sans quoi il faudrait nier le pouvoir de la nation d'imposer à ses membres des obligations dans l'intérêt public ».

Le rapport invoquait à l'appui de cette assertion :

La loi de 1841 sur l'expropriation ;

La loi du 19 mai 1874 sur le travail des enfants dans les manufactures ;

La loi du 30 septembre 1874 sur la protection des enfants du premier âge et les lois alors en préparation sur l'hygiène publique, sur la protection de l'enfance abandonnée ou coupable..., « dont la loi positive commande aujourd'hui l'exécution dans un ordre social supérieur ».

« L'Etat pourrait donc créer l'obligation par une loi générale comme en Allemagne les lois d'assurance.... ».

« L'industrie des mines n'est pas une industrie libre, les industries des chemins de fer et des mines font vivre les autres industries ; de là la nécessité de l'intervention de l'Etat dans leurs affaires et ce droit d'intervention est consacré par des textes positifs ».

Aux termes des articles 47, 48, 49 et 50 de la loi de 1810, les exploitations de mines sont soumises à la surveillance constante des ingénieurs des mines. Ceux-ci doivent observer le mode d'exploitation et avertir l'administration des vices, abus ou dangers qui s'y trouveraient, «.... prendre des dispositions particulières dans l'intérêt de la sécurité des ouvriers ».

« Ce droit de l'Etat d'intervenir dans l'exploitation intérieure des mines, de prendre part à la gestion de cette industrie, de régler la marche de la production, de prendre des dispositions dans l'intérêt des ouvriers n'est pas formulé seulement dans la loi de 1810.... Il est écrit dans toutes les lois postérieures, et il n'a jamais été contesté ».

Le décret de 1813 constitue (art. 25, 26 et 29) un véritable règlement d'atelier. Par son art. 15, nous voyons que le gouvernement a fait usage de ses pouvoirs en ce qui concerne les soins à donner aux ouvriers victimes d'accidents ou malades.... Ce décret a toujours été accepté et les compagnies s'y sont conformées sans jamais élever la moindre protestation. Mais en édictant ces règles, le gouvernement impérial n'a pas épuisé les droits de l'Etat ; il en a simplement fait usage dans les limites de ce qui lui a paru utile au moment où il a rendu ce décret ;.... il peut, en raison des droits qu'il possède sur les mines, rapporter, modifier ou étendre ses dispositions.... L'Etat qui a pu en 1813 prescrire les mesures d'assurance et de prévoyance que comportaient les conceptions sociales de cette époque a conservé intact le droit de prescrire les mesures complémentaires destinées à améliorer la condition matérielle des ouvriers des mines....

L'Etat ne peut être lié par les premières prescriptions qu'il a édictées en faveur des ouvriers, au point de vue des secours et de l'assistance, en cas d'accident, de maladie et de vieillesse.... L'usage limité qu'il a fait de son droit ne l'a pas anéanti, il subsiste entre ses mains : aujourd'hui, comme en 1813, le chef du pouvoir exécutif pourrait déterminer dans quelles conditions seront donnés les secours aux victimes des accidents et aux malades, ou homologuer les projets d'organisation des caisses de secours et de retraites.... L'intervention législative peut à plus forte raison se produire ».

Le rapporteur citait encore le décret de 1852 sur la réunion des concessions. Il en concluait : « Pour limiter ainsi le droit de propriété, il faut bien que l'Etat ait conservé des droits particuliers sur les mines, droits qu'il ne possède pour aucune autre industrie, si ce n'est celle des chemins de fer ».

Pour justifier l'obligation imposée aux ouvriers des mines de contribuer à l'alimentation des caisses de prévoyance créées en leur faveur, le rapporteur ne se contente pas de les assimiler aux employés des chemins de fer. Il dit encore : « L'Etat qui intervient dans l'exploitation des mines peut dire à quel-

les conditions le travail sera donné et comme il impose à *ses propres employé; et fonctionnaires* des retenues pour les retraites, il peut imposer aux ouvriers
de cette industrie, où son ingérence est constante
les obligations qu'il juge utiles à leur bien être et à
leur sécurité.... D'ailleurs, l'obligation est acceptée
par les intéressés ».

Idées émises à la Chambre des Députés sur le principe du projet.

Par les passages que nous avons cités du rapport
de M. Audiffred, on voit que la commission de la
Chambre des Députés demandait plutôt une loi
d'exception en faveur des ouvriers des mines. Le
projet élaboré par elle prescrivait l'établissement
de caisses de prévoyance pour les maladies, les accidents et la vieillesse : à chacun de ces risques cor-
respondait un titre spécial.

La première délibération occupa les séances du
22 et du 24 mars 1888. La seconde délibération
n'eut lieu que le 5 juillet 1889. Dès la première lecture, la Chambre avait, à la demande de plusieurs
de ses membres et malgré les efforts de la commission, distrait du projet en discussion le titre des

« accidents » et renvoyé la solution de la question au projet de loi général sur les accidents du travail alors soumis à une commission de la Chambre.

La proposition de loi limitée à la création et à l'organisation des caisses de retraites et de secours a soulevé d'intéressants débats.

Sur la question qui nous occupe, celle de savoir si la réforme devait être réalisée par une loi spéciale la commission rencontra des contradicteurs. M. Thellier de Poncheville, le premier, émit l'avis que le problème de la prévoyance devait être envisagé pour les ouvriers de toutes les industries, et non pas résolu seulement pour une industrie déterminée.

M. Ricard fit observer à son tour que la loi en discussion ne pouvait trouver sa base et sa justification dans la loi de 1810. « Il vaut mieux, disait-il, s'occuper de tous les ouvriers que de s'occuper d'une certaine catégorie, si intéressante, d'ailleurs, qu'elle soit ».

La Chambre ne s'arrêta pas à cet égard aux objections qui lui étaient présentées.

Lors de la deuxième délibération, le projet était en conformité du vote la Chambre, allégé du titre relatif aux accidents.

M. Piou, revenant sur les critiques présentées par M. Ricard en première lecture, fit observer que la loi de 1810 ne permettait pas à l'État d'imposer la prévoyance, que la thèse de la commission reposait sur une interprétation abusive de la loi et des décrets relatifs aux mines ; que le projet était une première application de l'assurance obligatoire pour les malades et la vieillesse, et qu'il fallait le dire nettement.

M. Audifred répliquait. « Nous faisons une loi qui régularise les institutions existantes, qui apporte dans le fonctionnement de ces institutions plus de justice, d'équité, une meilleure répartition des ressources... D'ailleurs, aux termes du décret du 3 janvier 1813, les exploitants sont tenus d'entretenir sur leurs chantiers un médecin et un matériel de pansement en cas d'accidents... Le législateur a donc le droit d'intervenir dans ces questions de prévoyance, de réparation d'accidents ; s'il en est ainsi, pourquoi ne pourrait-il pas intervenir lorsqu'il s'agit de maladies ou d'invalidité résultant de la vieillesse ? »

La Chambre adopta dans sa séance du 5 juillet 1889 le projet de sa commission.

Transmis au Sénat le 8 juillet 1889, ce projet, sur un rapport sommaire de M. Béral (12 juillet 1889) et un nouveau rapport très détaillé du savant M. Cuvinot (26 janvier 1893) fut adopté par lui avec modifications en mars et juillet 1893 ; et le nouveau texte fut voté par la Chambre après déclaration d'urgence le 9 juin 1894.

26 janvier 1893. — *Projet de la Commission du Sénat :
Rapporteur, M. Cuvinot.*

Objet : Le projet prescrit au profit des mineurs la
création de caisses de secours et de caisses de retraites, obligatoirement alimentées en principe par
l'ouvrier et par le patron.

La commission du Sénat adopta le principe de la
proposition de loi votée par la Chambre, mais en
raison de considérations, que nous exposerons seulement après avoir reproduit la magistrale réfutation
que fit son rapporteur, M. Cuvinot, de la théorie
soutenue à la Chambre et acceptée par elle sur la
légitimité de l'intervention de l'Etat dans la question des mineurs.

Réfutation de la théorie soutenue à la Chambre

« La chambre avait voté un projet de loi spéciale
aux mineurs. » La justification de cette loi spéciale,
dit M. Cuvinot, repose sur une assertion qui peut
être ainsi résumée :

L'industrie des mines n'est pas une industrie libre. L'État, qui a donné la concession peut, en vertu
de la loi de 1810, imposer à son gré au concessionnaire des obligations nouvelles. »

« Nous nous proposons de démontrer :

Que les arguments sur lesquels on s'est appuyé ne résistent pas à un examen un peu attentif ;

Et que le projet voté par la Chambre perdrait sa principale raison d'être si la thèse que l'on a voulu établir était fondée.

I

Rétorsion des arguments de la Commission de la Chambre.

Pour combattre les allégations qui ont été mises en avant, il suffit de citer les textes mêmes auxquels renvoient ces allégations.

La loi du 21 avril 1810 stipule :

Titre II

De la propriété des mines

Art. 5. Les mines ne peuvent être exploitées qu'en vertu d'un acte de concession délibéré en Conseil d'État.

Art. 6. Cet acte règle les droits des propriétaires de la surface sur les produits des mines concédées.

Art. 7. Il donne la propriété perpétuelle de la mine, laquelle est dès lors disponible et transmissible comme tous autres biens et dont on ne peut être exproprié que dans les cas et selon les formes prescrites pour les autres propriétés conformément au Code civil et au Code de procédure civile. Toutefois une mine ne peut être vendue par lots ou partagée sans une autorisation préalable du gouvernement, donnée dans les mêmes formes que la concession.

Art. 19. Du moment où une mine sera concédée, même au propriétaire de la surface, cette propriété sera distinguée de celle de la surface, et désormais considérée comme propriété nouvelle, sur laquelle de nouvelles hypothèques pourront être assises, sans préjudice de celles qui auraient été ou seraient prises sur la surface et la redevance, comme il est dit à l'article précédent. — Si la concession est faite au propriétaire de la surface ladite redevance sera évaluée pour l'exécution dudit article.

Art. 42. Le droit attribué par l'article 6 de la présente loi aux propriétaires de la surface, sera réglé à une somme déterminée par l'acte de concession.

Titre V

*De l'exercice de la surveillance sur les mines par
l'administration*

Art. 47. Les ingénieurs des mines exerceront sous
les ordres du ministre de l'intérieur et des préfets
une surveillance de police pour la conservation des
édifices et la sûreté du sol.

Art. 48. Ils observent la manière dont l'exploitation sera faite soit pour éclairer les propriétaires sur
ses inconvénients ou son amélioration, soit pour
avertir l'administration des vices, abus ou dangers
qui s'y trouveraient.

Art. 50. Si l'exploitation compromet la sûreté publique, la conservation des puits, la solidité des
travaux, la sûreté des ouvriers mineurs ou des ha-
bitants de la surface, il y sera pourvu par le préfet,
ainsi qu'il est pratiqué en matière de grande voirie
et selon les lois.

Des extraits ci-dessus, il résulte bien clairement
que la loi de 1810 ne réserve à l'État qu'un droit de
police et de surveillance pour garantir la sûreté publique et la sécurité des ouvriers, que les autres pré-
tendus droits qu'on a voulu tirer du texte de la loi
de 1810 ne sont écrits nulle part.

On a invoqué ensuite le décret du 3 janvier 1813.

Or ce décret vise exclusivement les mesures à prendre pour prévenir les accidents et pour organiser les mesures que ces accidents peuvent rendre nécessaires. Il n'y est aucunement question de secours en cas de maladie ni d'indemnité de chômage, ni de pension.

Le texte de ce décret porte, en effet :

« Les événements survenus récemment dans l'exploitation des mines…ayant excité d'une manière particulière notre sollicitude en faveur de nos sujets occupés journellement aux travaux des mines, nous avons reconnu que ces accidents peuvent provenir :

1° de l'inexécution des clauses… imposées pour la solidité des travaux ;

2° du défaut de précautions contre les inondations souterraines et l'inflammation des vapeurs méphitiques et délétères ;

3° du défaut de subordination des ouvriers ;

4° de la négligence des propriétaires des mines à leur procurer les secours nécessaires ;

« Et voulant prévenir autant qu'il est en nous le retour de ces malheurs par des mesures de police spécialement applicables à l'exploitation des mines ;

Le Conseil d'Etat entendu, il a été décrété ce qui suit :

Titre II

Dipositions tendant à prévenir les accidents

Il s'agit des mesures de sûreté et de police jugées nécessaires par les ingénieurs des mines.

Titre III

Mesures à prendre en cas d'accients arrivés dans les mines, minières, usines et ateliers.

Art. 11. En cas d'accidents survenus dans une mine... et qui auraient occasionné la mort ou des blessures graves à un ou plusieurs ouvriers, les exploitants, etc... sont tenus d'en donner connaissance aussitôt au maire de la commune et à l'ingénieur des mines... »

Art. 15. Les exploitants seront tenus d'entretenir sur leurs établissements, dans la proportion du nombre d'ouvriers et de l'étendue de l'exploitation, les médicaments et les moyens de secours, qui leur seront indiqués par le ministre de l'intérieur, et de se conformer à l'instruction réglementaire qui sera approuvée par lui à cet effet.

Art. 16. Le ministre de l'intérieur, sur la proposition des préfets et le rapport du directeur général des mines, indiquera celles des exploitations qui par leur importance et le nombre des ouvriers qu'elles emploient *devront avoir et entretenir à leurs frais un chirurgien* spécialement attaché au service de l'établissement.

Un seul chirurgien pourra être attaché à plusieurs établissements à la fois,. si ces établissements se trouvent dans un rapprochement convenable ; son traitement sera à la charge des propriétaires, proportionnellement à leur intérêt.

Art. 17. Les exploitants et directeurs des mines voisines de celle où il serait arrivé un accident fourniront tous les moyens de secours dont ils pourront disposer, soit en hommes, soit de toute autre manière, sauf le recours pour leur indemnité s'il y a lieu contre qui de droit.

Art. 20. Les dépenses qu'exigeront les secours donnés aux blessés, noyés ou asphyxiés et la réparation des travaux seront à la charge des exploitants.

Art. 22. En cas d'accidents, qui auraient occasionné la perte ou la mutilation d'un ou plusieurs ouvriers, les exploitants... pourront être traduits devant les tribunaux, indépendamment des dommages-intérêts qui pourront être alloués au profit de qui de droit.

En reproduisant les parties essentielles du décret de 1813, nous avons voulu indiquer les limites précises dans lesquelles étaient renfermées les prescrip-

tions de ce décret et montrer combien étaient abu-
sées les conséquences qu'on avait cru pouvoir en
tirer.

On a cité encore le décret du 26 mai 1813, et l'ordonnance du 25 juin 1817.

Le texte de ces deux décrets répond d'une façon
bien péremptoire à l'interprétation qui leur a été
donnée.

*26 mai 1813. — Décret impérial qui autorise en faveur
des ouvriers houilleurs du département de l'Ourte, la
formation d'une société de prévoyance dont l'administration sera établie à Liége.*

« Napoléon etc... sur le rapport de notre ministre
de l'intérieur, voulant donner une nouvelle preuve
de notre sollicitude pour ceux de nos sujets qui se
livrent aux travaux d'exploitation des mines de notre
empire et particulièrement seconder les vues bienfaisantes des propriétaires exploitant les mines de
houille du département de l'Ourte en faveur de cette
classe d'ouvriers ;

Notre conseil d'Etat entendu,

Nous avons décrété et décrétons ce qui suit :

Art. 1ᵉʳ. Nous autorisons en faveur des ouvriers
houilleurs du département de l'Ourte la formation
d'une société de prévoyance...

Art. 2. Tous ouvriers ou employés à l'exploitation

des mines de houille dans ce département seront
admis à faire partie de cette société et à participer
aux secours qui seront accordés en faisant la déclaration qu'ils consentent à une retenue de 2 0/0 sur
le montant de leur salaire...

Art. 6. Les fonds de la société de prévoyance se
composent : 1° des fonds de bienfaisance dont notre
ministre de l'intérieur autorisera l'emploi, d'après
la proposition du préfet et sur le rapport du directeur général des mines ;

2° du produit de la retenue de 2 p. 100 sur les salaires de tous les ouvriers et autres employés sociétaires ;

3° du produit de 1/2 pour 100 calculé sur le montant des salaires des ouvriers et employés sociétaires, que les propriétaires des exploitations se sont
soumis ou se soumetteront à payer à titre de secours
particulier et sans préjudice des dispositions édictées dans notre décret du 3 janvier 1813 sur la police
des mines de l'Empire...

Sur les pouvoirs de la commission d'administration de la société, l'art. 12 disait : « La commission
prononcera sur toutes les demandes en admission
dans la société de prévoyance.

Elle déterminera la quotité de secours à accorder
et en réglera la durée ; elle fixera la quotité des pensions ; elle ne pourra jamais anticiper sur les reve-

nus de la société ni permettre que dans aucun cas ni sous aucun prétexte la distribution de ces secours puisse avoir lieu en faveur de personnes étrangères à l'association. »

Le décret du 26 mai 1813 ne renfermait aucune prescription. Il avait pour unique objet d'autoriser la formation d'une société de secours mutuels, de l'encourager par des allocations du Trésor et de lui permettre de recevoir les subventions *volontairement* souscrites pour les exploitants.

25 juin 1817. — *Ordonnance royale portant établissement d'une caisse de prévoyance en faveur des ouvriers mineurs de Rive-de-Gier.*

Ici encore les considérants et le texte des articles prouvent nettement qu'il s'agit d'une institution purement facultative et que le gouvernement ne se jugeait nullement armé pour imposer aux concessionnaires la moindre obligation en ce qui touche la création d'une caisse de prévoyance.

Voici le préambule :

« Louis... etc. d'après le compte qui nous a été rendu de l'Etat des mines de houille des environs de Rive-de-Gier, nous avons vu avec regret qu'il n'a point été pourvu d'une manière assurée au soulagement des ouvriers mineurs blessés dans les travaux souterrains et des veuves et enfants de ceux qui ont eu le malheur de succomber à leurs blessures.

« Nous avons reconnu combien il serait avantageux de fonder dans cette contrée un établissement de bienfaisance, dans lequel les moyens de secours employés jusqu'à présent pourraient être réunis à des moyens nouveaux qui n'attendent qu'une occasion favorable pour se développer.

« Dans ces circonstances, désirant déterminer et régulariser le concours de volontés et d'efforts que seul peut amener la fondation d'un établissement aussi nécessaire :

« Nous avons jugé convenable d'y affecter une portion du produit des redevances que notre Trésor perçoit sur les mines des ouvriers de Rive-de-Gier, bien convaincu que les concessionnaires et entrepreneurs d'exploitation, les propriétaires de la surface des terrains exploités et les ouvriers mineurs s'empresseront de seconder nos vues bienfaisantes en formant une association qui est dans l'intérêt de tous, que réclament à la fois la justice et l'humanité et qui aura la plus grande influence sur la propriété des mines de l'arrondissement. »

Les articles 1, 3 et 4 de l'ordonnance sont ainsi libellés :

Art. 1er. Il sera établi à Rive-de-Gier une caisse de prévoyance en faveur des ouvriers qui travaillent à l'exploitation des mines des environs de cette ville. Cette caisse est destinée à secourir les malades, blessés, invalides ou infirmes, ainsi que les veuves et orphelins en bas-âge.

Art. 3. Tout concessionnaire ou exploitant, tout propriétaire de surface percevant une rente en nature sur le produit de l'extraction et tout ouvrier employé aux travaux des mines est admis à concourir à former le revenu de la caisse et pourra en conséquence participer à son administration.

Art. 4. Il sera à cet effet... ouvert un registre ou seront inscrits les concessionnaires, exploitants, propriétaires de surface et les ouvriers qui voudront faire partie de l'établissement.

Après avoir ainsi retourné ces textes contre ceux qui y avaient fondé la théorie adoptée par la chamdes Députés, M. Cuvinot continue devant le Sénat :

« En vous donnant d'une part le texte des allégations et interprétations qui ont été produites sur le sens et la portée de la loi de 1810 et des décrets postérieurs de 1813 et de 1817 ; en vous soumettant d'autre part le texte de cette loi et de ces décrets, nous avons pensé que l'examen comparatif des documents placés sous vos yeux vous edifierait complètement. Il s'était créé autour de cette question une véritable légende. Il semblait, d'après des affirmations fréquemment répétées, mais insuffisamment contrôlées, que la législation sur les mines autorisait l'Etat à imposer aux concessionnaires les obligations les plus étendues et les plus variées, que le droit d'intervention des pouvoirs publics était sans limite et que, suivant l'expression de l'honorable M. Audiffred, l'Etat avait « conservé intact le droit de prescrire les mesures complémentaires destinées à améliorer la condition matérielle des ouvriers des mines. »

C'était la thèse de l'arbitraire pur et simple, thèse qui légitimait par avance les prétentions les moins soutenables, thèse pleine de dangers pour le gouvernement qui, par voie de conséquence, devenait responsable de toutes les mesures prises par les exploitants jusques et y compris la fixation des salaires.

II

Inutilité du projet voté par la chambre, si la thèse de la Commission était fondée.

Si l'argumentation développée dans le Rapport de la commission de la chambre pouvait prévaloir on se demanderait avec juste raison de quelle utilité serait le projet qui nous a été transmis. Usant de son droit à l'égard des concessionnaires de mines, le gouvernement pourrait contraindre ceux-ci à prendre la charge exclusive des caisses de retraites et de secours, et rien ne motiverait la participation obligatoire des ouvriers et employés.

Le rapport présenté à la chambre a tenté pourtant de motiver cette participation en assimilant les ouvriers mineurs à des fonctionnaires. Le passage auquel nous faisons allusion mérite d'être rappelé.

« L'Etat, qui intervient dans l'exploitation des mines peut dire à quelles conditions le travail sera donné et comme il impose à ses propres employés et fonctionnaires des retenues pour la retraite, il peut imposer aux ouvriers de cette industrie, où son ingérence est constante, les obligations qu'il juge utiles à leur bien-être et à lenr sécurité... »

Nous ne saurions à aucun dégré nous associer aux théories qui précèdent.

III

Conclusion de la réfutation de M. Cuvinot.

M. Cuvinot conclut ainsi :

« La loi de 1810 a fixé nettement les droits des concessionnaires et ceux de l'Etat, et il est vraiment impossible de trouver dans les articles de cette loi les réserves que l'on a énoncées et les attributions indéfinies dont on voudrait gratifier les pouvoirs publics.

Les décrets de 1813 et l'ordonnance de 1817 par leurs considérants, par leurs dispositifs, sont directement à l'encontre des conclusions qu'on a essayé d'en tirer. Il suffit de les lire, de lire les décrets et ordonnances promulgués depuis pour être convaincu que jamais, à aucune époque, il n'est entré dans la pensée du gouvernement que des prescriptions nouvelles pussent être ajoutées arbitrairement à celles que contenait en germe la loi organique, ni que l'Etat ait le droit de changer les conditions de contrats par lui libellés. »

Justification du principe adopté par la Commission du Sénat

Si la loi ne trouvait pas sa base et sa justification dans la loi de 1810 et le décret de 1813 et l'ordonnance de 1817, si les ouvriers mineurs n'avaient droit à aucun privilège particulier, on était conduit, semble-t-il, comme l'avaient soutenu à la Chambre MM. Ricard et Thellier de Poncheville à la séance du 22 mars 1888 et M. Piou à la séance du 5 juillet 1889, au lieu de réaliser par une loi spéciale aux ouvriers

mineurs, une réforme reconnue nécessaire, à faire
une loi générale applicable à tous les ouvriers et
employés, d'autant que les projets de loi généraux
sur les accidents, les secours en cas de maladie, et
les retraites étaient à l'étude au Parlement.

« Votre commission, dit M. Cuvinot dans son rapport, longtemps arrêtée par cette objection, s'est dé-
cidée, cependant, à passer outre. La loi générale sur
les pensions ouvrières, si désirée qu'elle puisse être,
présente, au point de vue budgétaire, au point de
vue de l'emploi des capitaux, qui devront servir à
former le gage des pensions futures, les difficultés les
plus sérieuses et on ne saurait affirmer que cette loi
est à la veille d'aboutir. Fallait-il attendre et demeurer dans le *statu quo* ? Nous ne l'avons pas pensé.
S'il s'agissait de créer pour les ouvriers mineurs une
loi de privilège, de leur accorder à titre de faveur
exceptionnelle le concours et les subventions de
l'Etat, nous n'hésiterions pas à répondre négative-
ment. Mais si le législateur, en édictant une loi spéciale aux mineurs, n'introduit dans cette loi que des
dispositions qui puissent s'appliquer ultérieurement
à tous les ouvriers de l'industrie et de l'agriculture,
nous estimons que loin de prêter aux critiques que
soulèvent très naturellement les lois d'exception, ce
procédé aurait des avantages réels. On contestera,
sans doute la légitimité de l'intervention des pou-

voirs publics dans des questions qui touchent à la matière des contrats ; dans l'espèce cette intervention nous paraît justifiée. Nous croyons que le législateur doit s'appliquer en toutes circonstances à faire pénétrer dans les relations du capital et du travail les notions et les règles de la justice ; il ne saurait demeurer indifférent, quand il s'agit d'assurer le progrès des institutions de prévoyance. La mise en œuvre de ces institutions est le plus sûr moyen de prévenir les conflits, de diminuer la misère et d'intéresser tous les citoyens au maintien de la paix sociale. Nous avons dit, plus haut, qu'en abordant cette étude, il y avait lieu de se préoccuper des conséquences financières qu'amènera l'accumulation énorme des capitaux fournis par l'épargne.

Dans l'intérêt même du succès, il convient de ne pas généraliser dès le début. Nous sommes appelés à nous prononcer sur une solution particulière, les intéressés nous le demandent et la situation nous y convie. Si la loi spéciale donne de bons résultats, il sera facile de l'étendre ensuite, en profitant de l'expérience acquise. C'est dans cet ordre d'idées que s'est placée la majorité de votre commission pour conclure à l'adoption du principe de la proposition de loi. »

Ce principe n'était pas absolu. — Bien que la Commission du Sénat eût adopté le principe de l'obliga-

tion, elle avait introduit dans son projet un article
3 aux termes duquel étaient « dispensés de la retenue (1) les ouvriers ou employés âgés de plus de 21
ans qui auraient déclaré devant le maire de la commune de leur résidence qu'ils entendaient renoncer
au bénéfice du présent titre. »

Cet article avait été emprunté au projet de loi sur
les caisses ouvrières, déposé au mois de mai 1891
par M. Constans. Il semblait laisser toute liberté à
l'ouvrier et le dégager de toute mainmise.

M. Cuvinot, dans son rapport, l'expliquait et le
justifiait ainsi : « L'art. 3 dispense de toute retenue
les ouvriers qui ne voudraient pas ou qui ne pourraient pas, à raison de la modicité de leur salaire,
participer à une caisse de retraites. Il prévient l'objection qui peut être faite au sujet des conséquences
de la retenue obligatoire dans les exploitations peu
lucratives où le prix de la journée de travail est déjà
très réduit. Nous proposons toutefois une dérogation
à cette faculté. Lorsqu'il s'agit d'ouvriers qui n'ont
pas encore atteint leur majorité, il nous a paru que
l'obligation devait être maintenue. Certains jeunes
gens désireux de profiter des avantages de la loi
pourraient en être empêchés par des parents peu
éclairés.

1. Il s'agissait de la retenue destinée à alimenter la caisse
des retraites, concurremment avec le versement obligatoire
pour le patron.

Il y a pour eux un grand intérêt à commencer les versements de bonne heure ; ils en contracteront l'habitude et seront incités par la possession d'un livret, à grossir la rente qu'ils auront acquise avant leur vingt et unième année » (Rapport de M. Cuvinot, Sénat, *Annexes*, 1893, page 19).

Principe de la commission sénatoriale modifié par le Sénat.

Lors de la première délibération, M. Cuvinot disait encore, en faveur de cet article 3 attaqué par M. Lecomte : « L'ouvrier se moralise par l'épargne, laquelle implique un effort personnel et permanent; mais lorsque, en imposant à l'ouvrier une retenue sur son salaire, vous lui aurez épargné toute préoccupation d'économie, pourrez-vous soutenir que vous obtiendrez le même degré de moralisation ? »

M. Viette, ministre des travaux publics, est venu défendre l'obligation du versement : « La proposition de loi.... a un but moral ; elle est destinée à prévenir les conflits, et par conséquent elle intéresse l'ordre et la paix publique. Partant de cette donnée, je soutiens que l'obligation doit être inscrite dans la loi pour les deux intéressés, aussi bien pour l'ouvrier que pour le patron. Pourquoi ? Parce que l'ordre doit venir des deux côtés et non d'un seul...

« Avec le principe de la faculté inscrit dans la loi, le projet de la Commission se formule ainsi : «Nous donnons un conseil judiciaire aux sages, nous émancipons les prodigues. Si vous inscrivez dans la loi la faculté de se soustraire au versement, vous constituez, et c'est une conception fâcheuse. — grosse de discorde — deux catégories d'ouvriers : ceux qui versent et ceux qui ne versent pas, les participants et les réfractaires.

Quelle sera la situation du patron, de ce patron qui doit exercer une autorité patriarcale comme tout bon chef d'industrie ? Elle sera impossible. Le chef le plus humain, le plus généreux, le plus équitable sera le prisonnier des ouvriers participants à la caisse des retraites. S'il en renvoie un seul, on insinuera qu'il a trouvé un moyen détourné d'éluder la loi et de ne pas verser sa quote-part.

S'il lui confie une besogne ingrate, s'il le punit, on dira qu'il cherche à le rebuter pour l'amener à quitter la mine. La question n'aurait pas fait un pas, que dis-je ? nous aurions jeté un nouveau brandon de discorde au milieu de ces populations si excitables. La Commission impose au patron l'obligation, et elle admet une présomption pour l'ouvrier. De la présomption à l'obligation, il n'y a qu'un

pas, il faut le franchir. La faculté de verser ou de
ne pas verser présente une impossibilité absolue.
Vous n'ignorez nullement qu'il n'y a pas de réserves
et que, par conséquent, les retraites acquises sont
versées par les ouvriers en activité, par ceux qui
n'ont pas encore la pension ? Si vous leur laissez la
faculté de cesser leurs versements, qui payera les
retraites acquises ? Si vous diminuez les revenus de
la même tontine, comment pourra-t-elle fonctionner ? »

M. Blavier a soutenu, au contraire, que l'Etat
n'avait pas le droit d'imposer l'obligation, mais « si
l'Etat n'a pas ce droit, a-t-il ajouté, il y a quelqu'un
qui l'a : c'est le patron. Or, il résulte de la décision
de la Commission qu'on enlève ce droit au patron. »
M. Blavier a, en conséquence, demandé de faire pré-
céder l'article 3 proposé par la Commission des
mots : « à moins de stipulations contraires édictées
par le règlement intérieur de l'entreprise. »

Après avoir entendu M. Tolain défendre l'obligation et M. Cuvinot parler sur l'amendement Blavier,
le Sénat, adoptant l'amendement Deprez et Lecomte,
a voté la suppression de l'article 3 proposé par la
Commission (Sénat, séance du 17 février 1893).

La Commission du Sénat avait encore proposé, en
ce qui concerne l'alimentation des caisses de secours,
un article ainsi conçu : « à moins de stipulations

contraires édictées par le règlement intérieur de l'entreprise seront dispensés du prélèvement indiqué à l'article précédent (art. 6 de la loi) les ouvriers ou employés âgés de plus de 21 ans, qui auront déclaré devant le maire de la commune de leur résidence qu'ils entendent renoncer au bénéfice du présent titre. »

Mais, le Sénat ayant déjà supprimé l'article 3 du projet de la Commission, l'article 9 devait disparaître par voie de conséquence ; il fut effacé sur la proposition de M. Cuvinot, rapporteur.

Ainsi fut adopté par le Sénat le principe de l'obligation absolue du versement et pour le patron et pour l'ouvrier. La Chambre des députés qui l'avait déjà accepté avec la justification exposée devant elle, le vota purement et simplement tel qu'il avait été établi par le Sénat. Il a été consacré par la loi du 29 juin 1894.

Celle-ci n'est donc pas *une loi d'exception* : elle est bien spéciale aux mineurs, mais elle présente aussi un caractère expérimental, qui empêche de la classer dans la catégorie des lois d'exception.

CHAPITRE III

ORGANISATION DE LA PRÉVOYANCE PAR LA LOI DU
29 JUIN 1894

I

**Organisations proposées sans avoir été discutées
au Parlement**

Dans ce paragraphe, nous donnerons un succint
résumé des organisations de la prévoyance, qui ont
été proposées exclusivement pour les ouvriers mineurs et n'ont pas été discutées.

Nous eussions pu les indiquer toutes à la suite de
leurs bases déjà étudiées dans le chapitre précédent.
Mais, par ce procédé, très logique pourtant, nous
eussions peut-être risqué de ne pas bien marquer
toute l'importance du principe de la création des
caisses. Aussi, avons-nous préféré, pour le mieux
mettre en relief, séparer de son étude l'analyse des
projets d'organisation qui n'offrent qu'un intérêt

Rougé 5

rétrospectif pour n'avoir pas été discutés et l'examen de ceux qui, soumis aux délibérations du Parlement ont abouti à l'organisation établie par la loi du 29 juin 1894.

11 décembre 1880. — *Organisation proposée par M. Brossard.*

Objet de la proposition, page 29.

L'organisation de la prévoyance demandée par M. Brossard était copiée sur l'organisation belge, que nous avons déjà indiquée.

21 novembre 1882. — *Organisation proposée par MM. Reynaud et Gilliot.*

Objet et justification du principe de la proposition, pages 24 et 25.

Caisse de secours (1). — Aux termes de l'article 4, les compagnies étaient tenues de constituer une caisse de secours pour subvenir aux dépenses de soins et d'indemnités en cas de maladie ou de blessures.

Caisse d'assurance et de retraites. — Par l'art. 5, les compagnies devaient faire ouvrir à chacun de leurs ouvriers un compte individuel : 1° à la caisse

1. Les articles 1, 2 et 3 du projet formulé par les auteurs de la proposition visaient la durée du travail, l'institution des délégués mineurs et d'un tribunal arbitral.

des assurances en cas d'accidents et de décès ; 2° à
la caisse nationale des retraites.

Acquisition de la pension de retraite. — Les versements à la caisse des retraites devaient assurer aux
mineurs une pension qu'ils auraient touchée à quarante-cinq ans, s'ils avaient eu à cet âge vingt-cinq
ans de travail dans les mines (art. 8).

Alimentation des caisses. — Art. 10. « Les caisses
de secours, ainsi que les comptes individuels, aux
caisses nationales d'assurance et de retraite seront
alimentés:

1° par une retenue sur les salaires de tous les
ouvriers mineurs ;

2° par une quote-part égale fournie par les compagnies ;

3° par une retenue de 10 p. 100 sur les redevances perçues par l'Etat;

4° par une retenue de 10 p. 100 sur les sommes
payées aux propriétaires tréfonciers ;

5° par les subventions de l'Etat;

6° par les dons et legs ».

Conseil d'administration. — *Ses pouvoirs.* — Dans
chaque groupe minier, une commission composée
pour deux tiers de délégués nommés par les ouvriers
et pour un tiers de délégués nommé par les compagnies, devait administrer la caisse de secours.

Cette commission devait décider également : 1°

du chiffre des pensions à allouer en cas d'accidents et à l'âge de la retraite ; 2° des versements nécessaires à opérer aux deux caisses de l'Etat pour les constituer.

30 novembre 1882. — *Organisation proposée par MM. Brousse et Consorts.*

Justification du principe de la proposition, page 32.

Caisse de retraites et de secours. — L'art. 1ᵉʳ obligeait les exploitants à instituer des caisses de retraites et de secours et d'en soumettre les règlements à l'homologation du ministre.

Alimentation des caisses. — Les ressources étaient:

1° de 3 à 6 p. 100 sur le salaire des mineurs ;
2° de 10 à 15 p. 100 des bénéfices distribués ;
3° des subventions de l'Etat ;
4° des dons et legs (art. 2).

But des caisses. — Les caisses devaient fournir 1° des pensions de retraite ; 2° des secours et indemnités aux malades, aux blessés, quelles que fussent les causes de l'accident, aux enfants et aux veuves.

Centralisation de caisses. — Aux termes de l'art. 3, les caisses d'un même bassin minier devaient être centralisées et solidarisées, et le transfert des retenues se fût fait de caisse à caisse et de bassin à bassin.

Administration des caisses — L'administration des caisses était confiée aux ouvriers.

30 novembre 1882. — *Organisation proposée par MM.*
Waldeck-Rousseau et consorts.

Justification du principe de la proposition, page 33.

Création de deux Caisses de prévoyance. — Le projet comportait la création de deux caisses de prévoyance: la première pour retraites, assurances en cas d'accidents et de décès ; la seconde pour les maladies.

Alimentation de ces Caisses. — Elles étaient alimentées :

1° par un versement facultatif de l'ouvrier :

2° par un versement égal et obligatoire du patron;

3° par une subvention que l'Etat devait être tenu d'accorder et qui devait être égale aux trois cinquièmes de la cotisation des ouvriers jusqu'au maximum de 3 francs par mois.

Livret individuel. — Les versements pour la retraite étaient inscrits sur livret individuel.

Acquisition de la retraite. — La retraite était acquise après vingt-cinq ans de service, quel que fût l'âge.

13 mars 1883. — *Organisation proposée par MM.*
Chavanne et Cirodet.

Justification du principe de la proposition, page 34.

Caisse centrale de prévoyance. — L'art. 1er de la proposition prescrivait la création sous la garantie de l'Etat d'une caisse centrale de prévoyance et de retraites au profit des mineurs français.

Alimentation de la Caisse centrale. — Cette caisse était alimentée :

par un prélèvement de 5 p. 100 sur le salaire de tous les ouvriers sans exception ;

par une allocation égale de la Compagnie ;

par une subvention de l'Etat :

par des dons et legs, etc.

But de la Caisse centrale. — La caisse centrale devait :

pourvoir aux risques d'accidents ;

fournir des secours aux mineurs et à leurs familles ;

servir aux vieux ouvriers une pension de retraite qui pourrait être de deux francs par jour.

Livret individuel et admission à la retraite. — Les articles 4, 5, 6, 7, 8, 9 et 10 créaient le livret individuel et réglementaient les conditions d'admission à la retraite.

Caisse locale de secours, — L'art. 11 instituait une caisse locale de secours au siège de toute concession de mine de houille et en fixait les secours.

But de la caisse locale. — Elle devait fournir des secours et indemnités aux malades, aux blessés, aux enfants et aux femmes et veuves des ouvriers blessés ou tués à la mine.

Administration de la caisse locale. — Chaque caisse locale était administrée par un comité de dix-huit membres dont douze délégués par les ouvriers et six par les exploitants.

7 juillet 1885. — *Organisation proposée par la commission de la Chambre. Rapporteur, M. Mazeron.*

Justification du principe du projet, page 35.

Rapport sur les différentes propositions présentées. — Le rapport admet qu'une caisse centrale de prévoyance est inutile; que la caisse nationale suffit;

Qu'il est impossible de fixer d'avance le chiffre de la passion : « toute pension de cette nature suppose la formation préalable d'un capital constitué par un versement unique ou par des versements successifs en vue d'assurer le service régulier et viager des arrérages ».

Néanmoins, la commission a admis dans chaque caisse de secours un fonds de réserve pour soulager des misères imméritées.

Sauf cette restriction, on propose le livret individuel dans les conditions prescrites par la loi sur les caisses de retraites.

Les chiffres des versements ont été établis de manière à satisfaire à tous les besoins.

« Nous n'avons pas admis, contrairement à l'opinion de la plupart des auteurs des propositions, que l'Etat dût faire pour ces caisses des avantages spéciaux. Il n'y aurait, en effet, aucune raison de refuser le même concours à toutes les caisses analogues qu'il plairait à des citoyens quelconques de créer ».

La commission formulait un projet en vingt-trois articles. Il peut être ainsi résumé.

Caisse pour retraites et secours. — L'art. 1er ordonnait pour chaque exploitant l'établissement d'une caisse pour pensions de retraites, secours en cas de maladie et d'accident en faveur de tous les ouvriers du fond et du jour.

Alimentation de la caisse. — La caisse de retraites et de secours devrait être alimentée par :

une retenue obligatoire de 5 p. 100 sur les salaires ;

une allocation obligatoire égale des compagnies ;
une retenue de 10 p. 100 sur les redevances ;
des subventions de l'Etat ;
des dons et legs ;
les produits des amendes (art. 2).

Livret individuel à la Caisse nationale des retraites (articles 3 et 5).

Pensions acquises maintenues et liquidation des pensions en cours d'acquisition (art. 6). Les dispositions de l'art. 6 étaient transitoires.

Dispositions concernant les secours et les indemnités, les statuts des caisses, etc... (art. 7, 8, 9, 10. 11, 12, 13, 14).

Fonds spécial créé par les anciens mineurs (art. 11).

Des Conseils d'administration (art. 15 à 23).

Nous savons que ce projet ne put être discuté avant la fin de la législature.

II

21 mars 1887. — *Organisation proposée par la Commission de la Chambre des députés. Rapporteur, M. Audiffred.*

Justification du principe du projet, page 36 à 40.

C'est ce projet qui, légèrement modifié par la Chambre des députés et après les graves retouches de la Commission du Sénat, presque toutes adoptées par le Sénat, a été consacré par la loi du 29 juin 1894.

Bases négatives de l'organisation proposée.

Le rapporteur, M. Audiffred, présente un tableau des institutions existantes, d'après la statistique dressée par l'ingénieur en chef, M. Keller. Il arrive au chiffre dérisoire de 5.212.049 francs pour le montant annuel des pensions et secours alloués aux mineurs.

Sur les défauts de l'organisation de la prévoyance alors existante dans les pays miniers, le rapporteur s'exprime ainsi :

« Les secours et pensions ne sont pas répartis suivant des règles uniformes. La plus grande inégalité préside au contraire à leur distribution ;

Les secours ne reposent sur aucune garantie, et l'ouvrier reste dans une incertitude, qui est bien de nature à le troubler et à l'irriter ;

Le blessé a de la peine à obtenir les indemnités qui lui sont dues ;

Les sociétés de secours sont entre les mains des exploitants ;

Les conditions exigées pour l'obtention d'une pension sont très difficiles à remplir, le droit à pension est tout à fait aléatoire ;

Enfin, fait plus grave, rien ne garantit à l'ouvrier le service de sa pension, car les caisses de retraites n'ont pas d'actif pour répondre de leurs engagements. Elles sont alimentées au jour le jour, et si les Compagnies cessaient leur exploitation et devenaient insolvables, le service des pensions s'arrêterait... Là où il n'existe pas de garantie de capital réalisé, il n'y a pas de sécurité pour le titulaire de la pension. »

Le rapport conclut sur ce point :

1° Que les sommes consacrées à l'assurance des ouvriers mineurs contre les risques qui les atteignent sont tout à fait insuffisantes ;

2° Que l'organisation des caisses existantes ne donne pas aux ouvriers les garanties de sécurité qu'ils sont en droit d'attendre.

Bases positives de l'organisation proposée.

I

Pour assurer aux ouvriers des mines le premier
avantage de pensions et secours suffisants, la Commission avait décidé de rendre obligatoire une retenue de 5 p. 100 sur le salaire des ouvriers et une
allocation égale de chaque exploitant. Le rapporteur
ajoutait que les ressources annuelles qui étaient
alors de 5.200.000 fr. s'élèveraient à 21.735.800 fr.,
« ce qui montre bien clairement le changement opéré
dans l'intérêt des ouvriers des mines ».

La Commission disait que la retenue de 3 p. 100
proposée par un grand nombre d'exploitants serait
insuffisante et qu'il fallait adopter 5 p. 100 (plus un
versement égal des exploitants).

..... « Ces charges ne seront pas au-dessus des
forces de l'industrie, et elles ne sont pas de nature
à compromettre la situation financière des compagnies... Déjà un certain nombre d'entre elles donnent
l'équivalent ; les ouvriers fourniront le complément
avec des garanties et la détermination précise de
leurs droits... D'ailleurs, les exploitants ont un égal
intérêt à perfectionner leur outillage et améliorer la
condition des ouvriers qu'ils emploient. »

II

Pour assurer aux ouvriers le deuxième avantage des garanties de sécurité, la Commission proposait que le versement fût effectué à la Caisse nationale des retraites pour la vieillesse, inscrit sur un livret individuel, au nom de chaque ouvrier et fait à capital réservé.

Voici, au surplus, en quoi consistait essentiellement le projet élaboré par la Commission de la Chambre.

. Art. 1er. — Il prescrivait (nous l'avons déjà vu) l'établissement de caisses de prévoyance pour les maladies, les accidents et la vieillesse.

Art. 2. — Il imposait une retenue de 5 p. 100 sur le salaire de tous les ouvriers et un versement égal des Compagnies.

Sur le montant des ressources créées par l'art. 2, on opérait, pour alimenter les caisses de maladie, un prélèvement de 20 fr. par ouvrier ; pour fournir des gratifications renouvelables aux anciens mineurs infirmes, un prelèvement de 5 fr. ; pour alimenter la caisse des accidents, un prélèvement de 25 fr. par ouvrier.

Le surplus était versé à la Caisse des retraites de la vieillesse et inscrit sur un livret individuel au nom de chaque ouvrier.

L'art. 24 prescrivait le versement à capital réservé.
Les autres dispositions du projet concernaient : l'organisation et le fonctionnement des conseils d'administration, des caisses locales et d'une caisse centrale ; le montant des indemnités à fournir par la
caisse d'accidents, soit à l'ouvrier, soit à sa famille.

Enfin, l'art. 25 indiquait sommairement les mesures transitoires à appliquer.

*Observations faites à Chambre sur le chiffre des ver-
sements.* — Lors de la première délibération, outre
les observations que nous avons relatées dans le
chapitre précédent et qui furent faites au sujet de
la caisse des accidents, proposée par la Commission,
et au sujet du principe lui-même du projet de loi,
d'autres observations furent présentées en ce qui
concernait surtout les deux retenues opérées (1) sur
les salaires et les allocations imposées aux exploitants. Plusieurs orateurs s'appliquèrent à démontrer
qu'elles étaient trop élevées. Dans leur opinion, les
prescriptions du projet eussent fait peser sur les
ouvriers et sur l'industrie des charges trop lourdes,
que certaines exploitations n'auraient pu accepter et
qui se seraient traduites fatalement par un abaissement notable des salaires. M. Dejardin-Verkinder

---

1. Retenue imposée pour le fonctionnement du nouveau
régime et retenue imposée pour le fonctionnement de l'ancien, celle-ci n'était que transitoire.

demanda que la loi se bornât à fixer des chiffres minima, qui eussent pu être majorés par l'accord des parties intéressées.

Le rapporteur de la Commission soutint que les versements prévus n'étaient pas susceptibles de réduction et que les ouvriers comme les exploitants supporteraient facilement les charges nouvelles qui leur incombraient. La Chambre maintint les versements obligatoires de 10 p. 100 des ouvriers.

Suppression de la faculté réservée à la Caisse nationale de retraites. — Le projet de la Commission attribuait exclusivement à la Caisse nationale des retraites pour la vieillesse la faculté de recevoir le capital constitutif des pensions et de faire le service des pensions elle-même.

Sur les observations présentées à ce sujet dans le cours de la première délibération, la Commission modifia son projet primitif et admit que des caisses syndicales fonctionnant sous le contrôle de l'Etat pourraient être autorisées par décrets à recevoir les versements effectués en vue de la retraite.

D'autres observations, mais de moindre importance, furent présentées à la Chambre. Nous aurons l'occasion d'en indiquer quelques-unes, en expliquant les articles de la loi du 29 juin 1894.

Dans sa deuxième délibération, la Chambre vota le projet dont voici le texte :

Projet voté par la Chambre des députés, le 5 juillet 1889.

Titre I.

Dispositions générales.

Art. 1ᵉʳ. — Il est établi, au profit des employés et ouvriers des exploitations houillères, des caisses de prévoyance pour les garantir contre les risques résultant des maladies et de la vieillesse.

Le traitement des employés qui dépasse 4.000 fr. par an ne sera compté que pour ce chiffre dans l'application de la présente loi.

Art. 2. — Les caisses de prévoyance sont alimentées, chacune suivant ce qui sera stipulé ci-après, par :

1º Une retenue obligatoire de 3,50 p. 100 sur le salaire de tous les employés et ouvriers ;

2º Une allocation obligatoire de chaque exploitant égale à la retenue versée par les employés et ouvriers ;

3º Une retenue obligatoire de 10 p. 100 sur les redevances effectivement payées par les exploitants de mines aux propriétaires tréfonciers ;

4º Les sommes allouées par l'Etat pour être distribuées aux sociétés de secours mutuels ;

5° Les dons et legs ;

6° Le produit des amendes ;

7° Le service des pensions et secours des caisses anciennes sera assuré conformément aux dispositions de l'art. 22 ci-après :

1° Par une retenue obligatoire sur le salaire des employés et ouvriers, qui ne pourra excéder 1,50 p. 100 ;

2° Par une allocation obligatoire de chaque exploitant égale à la retenue versée par les employés et ouvriers.

Ces retenues et obligations prendront fin avec les pensions et secours qu'elles sont destinées à assurer.

La quotité de la retenue et de l'allocation sera fixée pour chaque exploitation d'après les calculs auxquels donnera lieu la liquidation de la caisse de cette exploitation. Ces calculs devront être approuvés par le ministre des Travaux publics.

Titre II.

Caisse de maladie.

Art. 3. — Pour assurer les secours en cas de maladie aux ouvriers et employés et même à leurs familles, si les statuts particuliers des caisses autorisent cette extension, il est établi une caisse de prévoyance pour chaque concession de mine ou exploitation de minière et de carrière souterraine.

Une seule caisse pourra être établie pour les concessions ou exploitations voisines appartenant à un même exploitant.

Deux ou plusieurs concessionnaires ou exploitants contigus ou voisins peuvent se réunir pour l'établissement d'une même caisse commune à leurs exploitations.

Si une concession ou un groupe de concessions contiguës appartenant à un même exploitant occupe plus de cinq cents ouvriers, il pourra y être établi des caisses distinctes avec l'autorisation du ministre des Travaux publics qui fixera, l'exploitant entendu, la circonscription de chaque caisse.

La caisse de maladie a pour but d'assurer des secours médicaux et pharmaceutiques et une indemnité de salaire à tous les employés et ouvriers, tant de l'intérieur que du jour.

Les statuts doivent prévoir la constitution et le maintien d'un fonds de réserve, de la moitié au moins des dépenses moyennes annuelles, qui se fera par un prélèvement annuel sur les recettes d'un dixième au moins.

Les statuts peuvent prévoir l'allocation de gratifications exceptionnelles et renouvelables en faveur de veuves ou orphelins d'ouvriers et employés morts de maladie après avoir participé à la caisse.

Les encaisses de maladie peuvent assurer le service temporaire des ouvriers et employés blessés dans les conditions prévues par la loi sur la responsabilité des accidents dont les ouvriers sont victimes dans leur travail, les caisses de maladie recevront, à cet effet, de l'exploitant, à chaque paye, une prime dont le montant sera fixé dans les statuts, d'accord entre celui-ci et le Conseil d'administration de la caisse.

Art. 4. — A la fin de chaque année, le Conseil d'administration fixe sur les excédents disponibles les sommes à laisser dans la caisse pour en assurer le service et celles à déposer à la caisse des dépôts et consignations.

Ce dépôt devra être effectué par le Conseil d'administration dans le délai d'un mois sous la responsabilité solidaire de ses membres et sous peine de l'application de l'art. 408 du Code pénal.

Les administrateurs qui auraient effectué ou laissé effectuer un emploi de fonds non autorisé par les statuts encourent la même responsabilité et les mêmes pénalités.

Art. 5. — En cas de maladie entraînant pour les ouvriers une incapacité de travail de plus de quatre jours, la caisse effectuera des versements pour la retraite sur leur livret individuel en faveur des ouvriers malades, tant que sera allouée à ceux-ci l'indemnité de salaire prévue par les statuts.

Le versement qui sera fait mensuellement sera calculé pour chaque intéressé à 4 1/2 p. 100 du double du produit de l'indemnité de salaire à lui alloué.

Art. 6. — Un fonds spécial réservé, dont le Conseil d'administration règle annuellement l'emploi, sera créé dans chaque caisse pour fournir des gratifications renouvelables aux anciens ouvriers infirmes, âgés de plus de cinquante ans, ne jouissant d'aucune pension de retraite ou d'invalidité ou ne jouissant que d'une pension reconnue insuffisante, justifiant d'au moins 25 ans de travail dans les mines, minières ou carrières souterraines, dont les cinq dernières années au moins dans l'exploitation à laquelle la caisse est rattachée.

Ce fonds sera formé par un prélèvement de 1/2 p. 100 sur les salaires qui sera versé à chaque paye à la caisse par l'exploitant.

Le Conseil d'administration pourra, si les statuts l'autorisent, imputer sur ce fonds spécial les gratifications exceptionnelles à donner aux veuves ou orphelins mentionnés à l'art. 3, paragraphe 7.

Art. 7. — Les caisses de maladie, régulièrement constituées, en conformité du présent titre, bénéfi-

cient des dispositions stipulées en faveur des sociétés
de secours mutuels homologuées par les art. 13, 14,
15, 16 et 18. 2° de la loi sur les sociétés de secours
mutuels, toutefois, au cas prévu par l'art. 13, paragraphe 2 de cette loi, il est statué par le ministre
des Travaux publics au lieu et place du ministre de
l'Intérieur.

Art. 8. — Les caisses de maladie peuvent participer aux secours de l'Etat, prévus par la loi sur les
sociétés de secours mutuels en faveur des sociétés
homologuées, dans le cas où le grand nombre des
malades mettrait une caisse hors d'état de remplir
ses engagements ; le ministre de l'Intérieur ne sta-
tuera en ce cas, qu'après avis du ministre des Travaux publics.

Art. 9. — Les statuts sont dressés par le premier
conseil. Ils sont soumis, par l'intermédiaire du préfet à l'homologation du ministre des Travaux publics
qui doit vérifier s'ils satisfont aux prescriptions de
la présente loi, s'ils ne contiennent rien de contraire
aux dispositions des lois ou règlements et si les dépenses prévues sont proportionnées aux recettes.

La décision du ministre des Travaux publics est
rendue après avis du conseil général des mines.
Elle peut être déférée au Conseil d'Etat au contentieux ; le recours est dispensé des droits de timbre
et d'enregistrement et peut être formé sans ministère d'avocat.

Ces statuts peuvent être modifiés dans les conditions par eux stipulés à charge d'une homologation
donnée dans les mêmes conditions.

Ils sont affichés en permanence par les soins de
l'exploitant aux lieux habituels des avis donnés aux
ouvriers ; un exemplaire en est remis par l'exploitant contre récépissé à chaque ouvrier lors de l'embauchage.

Si des statuts n'ont pas été présentés dans un délai
de trois mois à partir de l'injonction signifiée à l'exploitant et que celui-ci doit porter par voie d'affichage à la connaissance des ouvriers, des statuts
sont arrêtés par le ministre des Travaux publics en
conformité d'un modèle qui sera fixé à cet effet par
un règlement d'administration publique.

Art. 10. — Les caisses sont tenues de communiquer leurs livres, procès-verbaux et pièces comptables de toute nature aux préfets et aux ingénieurs
des mines. Cette communication a lieu sans déplacement, sauf le cas où il en serait autrement ordonné
par arrêté du préfet.

Les caisses adressent chaque année, par l'intermédiaire du préfet au ministre des Travaux publics
et dans les formes déterminées par lui le compte-
rendu de leur situation financière et un état des cas
de maladie ou de mort éprouvés par les participants
dans le cours de l'année.

Les infractions aux dispositions du présent titre seront poursuivies contre les administrateurs et punies d'une amende qui ne pourra être supérieure à 50 francs en cas de bonne foi et pourra être portée à 500 francs en cas de mauvaise foi.

Art. 11. Dans le cas d'inéxécution des statuts ou de violation des dispositions de la présente loi, la dissolution du conseil d'administration pourra être prononcée par le ministre des travaux publics, après avis du conseil général des mines, sans préjudice de la responsabilité civile ou pénale encourue par les administrateurs.

Dans ce cas, les électeurs devront être réunis pour procéder à la nomination du nouveau conseil, au plus tard, dans le délai de deux mois.

Dans l'intervalle, la caisse sera gérée par un délégué du préfet.

Art. 12. La caisse est administrée par un conseil composé de neuf ou douze membres, suivant que le nombre des ouvriers inscrits sur la liste électorale excède ou n'excède pas cinq cents.

Un tiers des membres est désigné par l'exploitant, les deux autres tiers sont élus par les ouvriers, dans les conditions indiquées aux articles suivants.

Les décisions prises par le conseil ne sont valables que si plus des deux tiers des suffrages ont été exprimés ; néanmoins après une seconde convocation faite dans la forme ordinaire, les décisions sont prises à la majorité, quel que soit le nombre des suffrages exprimés.

Le conseil nomme parmi ses membres un président, un secrétaire et un trésorier.

Art. 13. Sont électeurs tous les employés et ouvriers du fond et du jour, Français, jouissant de leurs droits politiques inscrits sur la feuille de la dernière paye.

Sont éligibles, à la condition de savoir lire et écrire et, en outre, de n'avoir jamais encouru de condamnations aux termes des dispositions de la loi du 21 avril 1810 et du décret du 3 janvier 1813, les électeurs âgés de 25 ans accomplis occupés depuis plus de cinq ans dans l'exploitation desservie par la caisse.

Les opérations électorales ont lieu pour la première fois à la mairie de la commune ou, si l'exploitation porte sur plusieurs communes, dans la commune désignée par un arrêté du préfet rendu sur le rapport des ingénieurs des mines ; elles se font sous la surveillance du maire.

Les opérations électorales subséquentes ont lieu dans le local et suivant les formes qui seront indiquées par les statuts.

Les électeurs sont convoqués à la diligence de l'exploitant, quinze jours au moins avant le vote, par affichage des listes électorales aux lieux habituels pour les avis donnés aux ouvriers.

Les contestations sur la formation des listes et sur la validité des opérations électorales sont portées, dans le délai de quinze jours à dater de l'élection, devant le juge de paix de la commune où les opérations ont eu lieu. Elles sont introduites par simple déclaration au greffe. Le juge de paix statue dans les quinze jours de cette déclaration sans frais ni forme de procédure et sur simple avertissement donné trois jours à l'avance à toutes les parties intéressées.

La décision du juge de paix est en dernier ressort, mais elle peut être déférée à la Cour de cassation.

Le pourvoi n'est recevable que s'il est formé dans les dix jours de la notification de la décision.

Il n'est pas suspensif, il est formé par simple requête dénoncée aux défendeurs dans les six jours qui suivent. Il est dispensé du ministère d'un avocat à la cour et jugé d'urgence sans frais ni consignation d'amende.

Les pièces et mémoires fournis par les parties sont transmis sans frais par le greffier de la justice de paix au greffier de la Cour de cassation. La chambre des requêtes de cette cour statue défifinitivement sur le pourvoi.

Tous les actes sont dispensés du timbre et enregistrés gratis. Sera puni des peines prévues aux art. 93 et suivants de la loi du 21 avril 1810 l'exploitant qui refuserait on négligerait de convoquer à temps les électeurs. Le préfet peut, en outre, faire dresser et afficher cette liste aux frais de l'exploitant ; les frais rendus exécutoires par le préfet seront recouvrés comme en matière de contributions publiques.

Art. 14. Le vote a lieu au scrutin de liste un dimanche. Nul n'est élu au premier tour de scutin, s'il n'a obtenu la majorité absolue des suffrages exprimés et un nombre de voix égal au quart du nombre des électeurs inscrits. Au deuxième tour de scrutin, auquel il doit être procédé le dimanche suivant, la majorité relative suffit. En cas d'égalité de suffrages le plus âgé est élu.

Les membres du conseil sont élus pour trois ans. Il est pourvu dans le mois qui suit la vacance au remplacement des membres décédés, démissionnaires ou déchus des qualités requises pour l'éligibilité. Les nouveaux élus sont nommés pour le temps restant à courir jusqu'au terme assigné aux fonctions de ceux qu'ils remplacent.

Titre III

Caisse des Retraites

Art. 15. Les pensions de retraites sont servies soit par la caisse nationale des retraites pour la vieillesse, soit par les caisses syndicales dont la création est autorisée par les articles ci-après.

Pour constituer ces pensions, il est versé par l'exploitation, à chaque paye sur livret individuel, au nom de chaque ouvrier, ce qui reste disponible sur le prélèvement de 7 p. 100 sur le salaire prévu à l'article 2, après déduction du versement de 2 1/2 p. 100 à la caisse des maladies.

Art. 16. Les versements pour la retraite sont éffectués par l'exploitant sous le contrôle du conseil d'administration de la caisse des maladies.

Ils sont faits à capital réservé.

L'entrée en jouissance de la rente est fixée à cinquante-cinq ans.

Les pensions sont acquises et liquidées dans les conditions prévues à la loi du 20 juillet 1886 sur la caisse nationale de retraites pour la viellesse en tout ce qui n'est pas contraire aux dispositions de la présente loi.

Art. 17. Les exploitants des mines, minières et carrières souterraines d'un district pourront se syndiquer pour créer des caisses de retraites spéciales aux ouvriers et employés occupés dans leurs exploitations.

Art. 18. Une caisse ne pourra être autorisée que lorsque le nombre et l'importance des exploitations syndiquées paraîtront de nature à assurer son fonctionnement permanent et régulier ; l'autorisation sera donnée par un décret rendu en la forme des règlements d'administration publique, fixera les limites du district, les conditions de fonctionnement et de la liquidation de la caisse.

Les fonds versés par les exploitations devront être employés en rentes sur l'Etat, en valeurs du Trésor ou garanties par le Trésor et, dans les conditions prévues aux statuts, en obligations départementales ou communales ; les titres devront être nominatifs.

En cas de liquidation d'une caisse, les sommes inscrites au nom de chaque intéressé seront transférées soit à une autre caisse syndicale, soit à la caisse nationale des retraites pour la viellesse, lesquelles créeront un livret en remplacement du premier qui sera anéanti.

Art. 19. La gestion des caisses syndicales est soumise à la vérification de l'inspecteur des finances et

au contrôle du receveur particulier de l'arrondissement du siège de la caisse.

Art. 20. Les versements faits au compte d'un intéressé sont inscrits sur le même livret individuel,
tant qu'il reste occupé dans les exploitations affiliées.

Chacun des livrets d'un même intéressé sur divers syndicats ou sur la caisse nationale des retraites
pour la vieillesse donne lieu à une liquidation de
rente distincte.

Ces rentes peuvent, sur la demande de l'intéressé
lors de son entrée en jouissance, être servies simultanément par l'une des caisses, moyennant le transfert du capital correspondant par les autres caisses
débitrices d'une des rentes.

Titre IV.

Dispositions transitoires

Art. 21. Les caisses de maladie, d'accidents ou de
retraites, actuellement existantes pour les ouvriers
des mines, minières et carrières souterraines, seront
liquidées conformément à leurs statuts.

Si ces statuts n'en ont pas autrement disposé,
l'actif qui pourrait rester disponible après la liquidation des charges sera remis aux caisses de mala-

dies établies par la présente loi, lesquelles, en tout cas, prendront à leur charge, dans les conditions de la présente loi, les malades actuellement à la charge des anciennes caisses.

Art. 22. Le service des pensions et secours temporaires effectué par les caisses dont la liquidation aura été opérée en exécution de l'article précédent continuera à être assuré aux ayants droits conformément aux statuts de chacune de ces caisses, au moyen d'un prélèvement effectué sur les salaires de tous les employés et ouvriers de l'exploitation à laquelle appartenait la caisse et d'une allocation patronale équivalente dont le montant est fixé à l'article 2.

Projet de la commission du Sénat. Rapporteur :
M. Cuvinot.

Justification du principe du projet : page 57 à 59.

Dans son rapport, où nous avons beaucoup puisé, parce qu'il nous a paru être jusqu'à présent le meilleur des documents sur la loi du 29 juin 1894, M. Cuvinot, après un historique de la question (chapitre I.) examine :

Les raisons présentées en faveur de la proposition de loi (chap. II.) ;

Les règlements de la situation financière des caisses (chap. III) ;

L'opportunité d'une loi spéciale (chap. IV) ;

Enfin dans le chap. VI, il donne le dispositif proposé par la commission du Sénat.

Ce dispositif, sauf les restrictions quant au principe déjà indiquées et quelques autres modifications légères dont nous rendrons compte en expliquant les articles de la loi, a été voté par les deux chambres et est devenu la loi du 29 juin 1894, qui organise définitivement la prévoyance dans les centres miniers.

II

Organisation définitive de la prévoyance par la loi du 29 juin 1894.

La loi du 29 juin 1894 comprend quatre titres :

Titre Ier. Le titre Ier contient un seul article par lequel est indiqué simplement le but de la loi.

Titre II. On a réuni dans le titre II les articles au nombre de quatre, qui règlent le fonctionnement des caisses de retraites.

Titre III. Le titre III (art. 6 à 20) renferme toutes les dispositions concernant les ressources, les dépenses, l'organisation et le mode de fonctionnement des sociétés de secours.

Titre IV. Enfin le titre IV (art. 20 à 31) comprend les dispositions transitoires et réglementaires.

On voit d'après cette énumération que le législateur a séparé complètement les caisses de retraites et les caisses de secours. Chacune d'elles a ses ressources propres et son mode d'administration distinct.

M..Cuvinot en explique la nécessité :

« Les sociétés de secours mettent en commun des cotisations calculées de telle sorte que leur somme totale suffise à couvrir les dépenses afférentes aux membres de l'association frappés d'incapacité de travail.

La cotisation représente justement le risque de maladie que chaque membre apporte à la société de secours pendant une période déterminée. Que les adhérents changent, que leur nombre varie, la société n'en continue pas moins à fonctionner, sans avoir besoin d'imposer jamais à ses membres des obligations de durée.

La situation est toute différente en ce qui regarde les caisses de retraites. Le contrat qui intervient entre le déposant et la caisse reçoit un commencement d'exécution le jour du premier versement et n'arrive à son terme que par le décès du contractant. L'interruption des versements ne porte aucune atteinte aux droits acquis en raison des versements antérieurs.

Si le décès survient avant l'époque fixée pour l'entrée en jouissance de la pension, les versements opérés et les intérêts composés de ces versements profitent intégralement à la collectivité (sauf le cas de versement à capital réservé) et contribuent à augmenter le montant de la pension des survivants. Si au contraire le décès a lieu après la liquidation de la retraite, le titulaire touche le revenu des sommes capitalisées à son nom, majoré de la quote part provenant de prédécédés.

Dans une combinaison de cette nature, dont la durée forme l'élément essentiel, on conçoit qu'il est indispensable d'assurer aux déposants des garanties effectives et de mettre les épargnes amassées, le plus souvent au prix de dures privations, à l'abri de toute éventualité fâcheuse.

La caisse nationale des retraites pour la vieillesse a été créée dans ce but.... En lui confiant le service des pensions ou en le confiant à d'autres caisses qui seront assujetties à observer des règles analogues, on évitera les graves inconvénients qui peuvent résulter de la confusion des ressources dont les destinations sont différentes.

La gestion des caisses de secours sera rendue beaucoup plus simple, leur comptabilité sera plus claire. Cette clarté et la facilité du contrôle dissiperont toutes les défiances et préviendront le renouvellement des accusations que l'on se complaisait trop souvent à diriger contre les anciennes caisses de prévoyance.

Titre 1er

Dispositions générales.

Art. 1. — Dans le délai de six mois à partir de la promulgation la présente loi, les exploitants des mines et les ouvriers et les employés de ces exploitations seront soumis aux obligations et jouiront des avantages édictés par les titres II et III ci-après, pour ce qui touche l'organisation et le fonctionnement des caisses de retraites et des caisses de secours.

Les employés et ouvriers dont les appointements dépassent 2.400 francs ne bénéficient que jusqu'à concurrence de cette somme des dispositions de la présente loi.

I. *Généralités.* La loi du 29 juin 1894 est complétée pour son application par deux règlements rendus en vertu de son article 29, savoir : l'un du 25 juillet 1894, pour l'exécution des articles 23, 24, 26 et 27 de ladite loi ; l'autre du 14 août 1894 pour l'exécution des articles 1, 13 et 28 de la même loi ;

En outre, une circulaire du Ministre des travaux publics, en date du 30 juin 1894 a donné aux préfets ainsi qu'aux ingénieurs des mines les instructions nécessaires pour assurer l'exécution immédiate,

Rougé 7

par l'administration, des dispositions de la loi du 29 juin 1894.

La loi comprend deux parties :

L'une (titres I, II et III) qui a fixé pour l'avenir la constitution des retraites d'âge et l'assurance contre la maladie. C'est celle que nous étudierons spécialement ;

L'autre (titre IV) qui a donné les règles à suivre pour transformer les institutions du passé.

Il convenait d'asseoir d'abord les nouvelles institutions, afin que les intéressés ne restassent à aucun moment dépouillés des avantages que l'on a voulu constituer en leur faveur. Les anciennes institutions ne devaient rationnellement disparaître que lorsque les nouvelles seraient prêtes à les remplacer. C'est ce qu'a entendu marquer l'art. 23, en ne mettant fin à l'existence juridique des anciennes caisses qu'à partir de la mise en application de la loi (circul. min. du 30 juin 1894).

La même circulaire ajoute que cette mise en application, qui devait toutefois, d'après l'art. Ier, être réalisée dans le délai de six mois de la promulgation de la loi, résulterait, d'après ce même art. Ier, de l'exécution des mesures prévues aux titres II et III, c'est-à-dire, de l'organisation des retraites sur livret individuel (titre Ier) et de la constitution des sociétés de secours contre la maladie (titre II). Même circulaire.

Mais il a été impossible de mettre partout à exécution la loi du 29 juin 1894 avant le 1er janvier
1895. Aussi le délai fixé par les art. 1er et 24 de cette
loi a été prorogé jusqu'au 1er juillet 1895 par la loi
du 19 décembre 1894. (Circul. min. trav. publ. 20
déc. 1894).

Néanmoins cette extension des délais n'était
qu'une faculté : le législateur n'a pas entendu repor-
ter nécessairement pour tous à cette date l'application de la loi. Dans plusieurs mines, elle était déjà
exécutée au moins pour les retraites. (Circulaire 20
déc. 1894).

L'administration ne peut intervenir que par voie
de conseils auprès des intéressés dans les dispositions relatives à la transformation des anciennes institutions. (Circ, 20 déc. 1894).

La loi du 29 juin 1894 ne s'est pas occupée de
l'assurance contre les accidents pour ne pas séparer
les mines des autres industries dans la loi spéciale
encore en préparation sur ce sujet. En attendant
cette loi, il est à désirer que les exploitants des mines prennent les mesures nécessaires pour assurer
de la façon la plus convenable par tels moyens auxquels ils croiraient devoir donner la préférence les
secours divers nécessités par les accidents dont leur
personnel peut être atteint. (Même circulaire),

D'ailleurs les articles 15 et 16 du décret du 3 janvier 1813 restent en vigueur, et sur le rapport des ingénieurs des mines, les préfets ont à proposer au ministre des travaux publics, le cas échéant, en conformité de ces dispositions, les mesures qu'ils jugeraient opportunes. (Même circul.).

Il y a lieu de remarquer que les pensions actuellement acquises par suite d'accidents rentrent dans celles dont le titre IV de la loi de 1894 a pour objet d'assurer la continuité du service. (Même circulaire).

II. *Caractére obligatoire des caisses de retraites et de secours.* Voir page 61 et suivantes.

III. *Exploitations auxquelles la loi du 29 juin est applicable.* La loi du 29 juin 1894 ne s'applique qu'aux mines, c'est-à-dire, aux exploitations ouvertes sur des gîtes concédés. Cependant, d'après son art. 31, elle peut être étendue aux minières et aux carrières tant souterraines qu'à ciel ouvert par des mesures individuelles rendues s'il y a lieu pour des exploitations déterminées.

IV. — *Personnes auxquelles la loi du 29 juin 1894 est applicable*

1° *Qualité d'ouvriers.* — Les ouvriers auxquels s'applique la loi du 29 juin 1894 comprennent en premier lieu, sans aucune distinction entre eux, tous

ceux du fond, tels que les définit la loi du 8 juillet
1890, sur les délégués à la sécurité des ouvriers mineurs (Circul. min. trav. publ. 30 juin 1894.)

Mais la loi s'applique aussi aux ouvriers du jour,
comme le porte explicitement l'art. 11, et la question est de savoir si parmi ces ouvriers il faut ranger
soit ceux se rattachant exclusivement à l'extraction,
comme les receveurs ou machinistes des puits, soit
tous ceux occupés par le concessionnaire à un travail
quel qu'il soit, se rattachant plus au moins directement à l'exploitation de la mine, soit enfin une partie seulement de ceux-là. Même circulaire.

Il paraît résulter tant de la discussion qui a eu
lieu au Sénat au sujet de l'art. 1er dans la séance du
16 février 1893, que du texte de l'art. 9 dernier paragraphe, qu'il convient de faire ici une distinction
de même ordre que celle devenue classique en matière soit d'accidents de mines, soit d'occupation de
terrain, soit de redevance proportionnelle. Même
circulaire.

Il convient donc de retenir comme ouvriers du
jour pour l'application de la loi du 29 juin 1894 tous
ceux occupés dans les opérations accessoires se rattachant légalement à l'extraction proprement dite
ou s'exécutant dans les lieux, ateliers ou chantiers,
qui forment des « dépendances légales » de la mine
en droit minier (Circ. 30 juin 1894).

Les industries annexes dont parle le dernier paragraphe de l'art. 9 sont constituées par les autres opérations du concessionnaire ; c'est par exemple la fabrication du coke ou celle des agglomérés, par opposition au lavage de combustibles ou à la préparation mécanique des minerais. (Même circulaire).

Le garde des sceaux a déclaré qu'il approuvait complètement l'interprétation que nous venons de donner, et qu'elle devait servir de règle aux juges de paix.

2e *Qualité d'employés.* — La Chambre des députés et le Sénat ont admis que le bénéfice de la loi nouvelle s'étendrait aux employés des exploitations aussi bien qu'aux ouvriers.

A la séance du 16 fév. 1893, le rapporteur, M. Cuvinot, a donné au Sénat les motifs de cette assimilation : « Dans beaucoup d'exploitations minières, a-t-il dit, des jeunes qui, au début de leur carrière ont travaillé à l'exploitation, peuvent devenir employés ou surveillants. Si vous ne mettiez pas le mot « employés » dans le texte de l'art. 1er, ils cesseraient d'avoir droit au bénéfice de la retraite pour laquelle ils ont effectué des versements. Cette exclusion constituerait,à leur égard.un déni de justice. »

Dans la séance du 9 juin 1894, des explications ont été échangées à la Chambre des députés au sujet

de cette qualité d'employé. D'après ces explications,
la loi est applicable à tous les employés sans distinction dans la hiérarchie, depuis l'ingénieur en
chef jusqu'au moindre des surveillants (Circ. min.
pub. 30 juin 1894).

Mais il ne faut retenir parmi les employés de cette
catégorie que ceux dont les écritures, les bureaux
ou les occupations les rattachent directement sur
place à l'exploitation proprement dite de la mine ou
aux autres opérations accessoires qui y sont assimilées)Même circulaire).

Les employés de bureaux se rattachant à l'administration purement financière d'une affaire ou les
employés d'une simple agence de vente ne rentre-
raient pas dans ceux visés par la loi (Même circulaire).

3°. *Nationalité des ouvriers et employés.* — A la
séance de la Chambre des députés du 9 juin 1894,
MM. de Ramel et Le Garriau présentèrent un amendement aiusi conçu : « Les employés et ouvriers
français pourront seuls bénéficier de la présente loi».
Mais ils le retirèrent pour le représenter lors de la
discussion de la proposition de loi sur les retraites
des travailleurs.

4° *Maximum des appointements auxquels s'applique
la loi du 29 juin 1894.* — Dans son projet primitif,
la commission du Sénat n'avait pas fixé la part ma-

xima du traitement qui devait entrer en ligne de compte pour l'application de la loi.

« Cette clause nous a semblé inutile, dit M. Cuvinot : en ce qui touche les retraites, la limitation des placements et du chiffre de la rente viagère est déjà prescrite par la loi du 20 juillet 1886, et nous n'avons pas pensé qu'il y ait intérêt à édicter de nouvelles disparitions restrictives...

Pour les secours, cette limitation serait encore moins justifiée... Si d'ailleurs, quelque mesure de précaution devait être prise, c'est dans les statuts et non dans la loi qu'il conviendrait de l'écrire. » Mais le principe de l'obligation ayant été voté, la commission du Sénat fit ajouter, le 16 mars 1893, le paragraphe 2 de l'art. 1er par analogie à ce qui a été fait pour la loi en préparation sur les accidents et afin de ne pas imposer la prévoyance aux ingénieurs et aux directeurs qui touchent 10 ou 20 ou même 50.000 francs d'appointements.

A la séance de la Chambre des députés du 9 juin 1894, le ministre des travaux publics a déclaré que dans l'intention du gouvernement, les employés et ouvriers ne seront astreints aux charges que dans la même proportion de 2.400 francs fixée par l'art. 1er pour les avantages de la loi. Cette déclaration fut acceptée par la commission. Il en résulte qu'on ne saurait demander aux ingénieurs et directeurs une

contribution pour le service des caisses de secours
au-delà d'une concurrence de 2.400 francs.

Ainsi le paragraphe 2 de l'art. 1er doit s'entendre
en ce sens que la loi ne s'applique aux employés et
ouvriers dont les appointements dépassent 2.400 fr.
par an,qu'en supposant leurs appointements rame-
nés à ce chiffre.

Les versements pour les retraites étant mensuels,
d'après l'art. 2 parag. 1er et ceux pour les sociétés de
secours devant avoir lieu à chaque paye, le moyen le
plus pratique de se conformer à cette disposition
semble consister pour les appointements de plus de
2.400 francs à cesser d'effectuer versements ou retenues dès que leur montant cumulé depuis le début
de l'année, correspond à celui qui résulterait pour
l'année entière d'appointements de 2.400 francs
(Même circulaire.)

Titre II

Des pensions de retraite.

Art. 2. — L'exploitant versera chaque mois, soit à la caisse
nationale des retraites pour la vieillesse, soit dans une des
caisses prévues à l'art. 4 pour la formation du capital constitutif des pensions de retraite, une somme égale à 4 pour 100
du salaire des ouvriers ou employés, dont moitié à prélever
sur le salaire et moitié à fournir par l'exploitant lui-même.

Les versements pourront être augmentés par l'accord des deux parties intéressées. Ces versements seront inscrits sur un livret individuel au nom de chaque ouvrier ou employé. Ils seront faits á capital aliéné. Toutefois si le titulaire du livret le demande, le versement de la part prélevée sur son salaire sera fait à capital réservé.

L'exploitant pourra prendre à sa charge une fraction supérieure à la moitié du versement ou sa totalité (1).

I. — *Caisses qui peuvent recevoir les versements*

L'art. 2 parag. 1er de la loi du 29 juin 1894 permet à l'exploitant de faire lès versements pour les pensions de retraite, soit à la Caisse nationale des retraites... soit à une caisse syndicale ou patronale instituée conformément à l'art. 4.

« Le vice principal de la situation actuelle, dit M. Cuvinot dans son rapport, est que, dans la généralité des cas, les pensions ne sont pas gagées, qu'elles ne sont pas garanties par un capital. L'existence de ce capital est pour le salarié la condition nécessaire de sa liberté et de là sécurité de son avenir. On conçoit que les ouvriers poursuivent avec ardeur la réalisation de ces deux grands biens... »

Pour former le capital constitutif des pensions futures, il est indispensable de faire les versements

---

1. Rappelons que l'art. 3 du projet primitif, qui restreignait au patron l'application du principe de l'obligation absolue a été supprimé.

à la caisse des retraites de la vieillesse ou à toute
autre caisse analogue. »

II. — *Epoque et quotité des versements*

Les versements ont lieu chaque mois.

En principe, ils sont fournis moitié par l'exploitant, moitié par les ouvriers ou employés à titre de
prélévement sur leurs salaires... sauf la faculté
laissée à l'exploitant de prendre à sa charge une
fraction supérieure du versement ou sa totalité.

Le taux minimum du versement à opérer (que
notre article fixe à 4 p. 100) a subi des variations
qu'il est intéressant de noter.

La commission du Sénat avait fixé à 3 p. 100 du
salaire la somme destinée à former le capital constitutif des pensions de retraite.

Lors de la première délibération au Sénat, MM.
Déprez et Maxime Lecomte ont proposé de porter
cette somme à 4 p. 100. C'est, a dit M. Déprez,
l'exiguité de la pension de retraite qui serait attri-
buée à l'ouvrier mineur arrivé au terme de sa carrière qui a motivé notre amendement. Cette pension
à laquelle il aura contribué pour 50 p. 100 à prélever sur son salaire, ne serait, d'après le projet de
la commission pour un ouvrier descendant selon
l'usage, avec son père à treize ans, dans la mine, ac-

complissant trois années de service militaire que de
207 fr. 60 à cinquante ans et de 317 fr. 07 à cinquante-cinq ans, soit 60 centimes environ par jour
à cinquante ans et 89 centimes s'il arrive à l'âge de
cinquante-cinq ans. Cette pension nous a paru
tout-à-fait insuffisante, et d'accord avec les ouvriers
mineurs, nous demandons que vous vouliez bien
inscrire dans la loi que les retenues patronales et
ouvrières soient élevées de 3 à 4 p. 100. Et voici à
quels résultats nous arriverons; à l'âge de 50 ans, par
exemple, l'ouvrier mineur qui aura accompli son
service militaire, obtiendrait 317 fr. 07, soit 89
centimes environ par jour, et à 55 ans 432 fr. et
quelques centimes, soit 1 fr. 20 environ par jour... »
M. Cuvinot a combattu l'amendement en disant que
le taux de 4 p. 100 grèverait l'industrie minière et
les ouvriers eux-mêmes d'une charge trop lourde.
« Dans les exploitations les plus favorisées, a-t-il
dit, le prélèvement de 3 p. 100 ne marquera pas la
limite des sacrifices possibles, et nous espérons qu'il
pourra être augmenté par l'accord des patrons et des
ouvriers, mais il faut se garder d'établir une règle
uniforme pour des situations profondément dissem-
blables ». L'amendement a été repoussé (Sénat,
séance du 16 février 1893).

Lors de la deuxième délibération au Sénat, MM.
Déprez et Maxime Lecomte ont repris leur amende-

ment. Défendu par M. Déprez, l'amendement a été
combattu par M. Cuvinot qui a maintenu le taux de
3 p. 100.

« Nous pensons, a-t-il dit, qu'il serait sage de ne
pas aller plus loin ; quant à présent, il faut laisser
le livret individuel faire son chemin dans le monde
ouvrier. Il faut qu'on apprenne à en apprécier les
avantages, qu'on s'habitue à lui ; le jour où ce livret
individuel qui constitue pour le titulaire un véritable
titre de propriété, sera entré dans les mœurs, les versements s'augmenteront par l'entente certaine des exploitants et des ouvriers. Un grand nombre d'autres
industries l'adopteront à leur tour comme le meilleur auxiliaire de la prévoyance. C'est parce que je
me préoccupe de l'avenir que je voudrais assurer le
succès des premières réformes. Je crains qu'en imposant à des exploitants un versement qu'ils sont
dans l'impossibilité de faire, on ne jette la défaveur
sur une institution excellente ».

MM. Maxime Lecomte et Viette, ministre des travaux publics ont parlé en faveur de l'amendement
et ont insisté sur le caractère transactionnel du
taux de 4 p, 100. Le Sénat a adopté l'amendement
(séance du 16 mars 1893).

Lors du retour du projet à la Chambre des députés, à la séance du 9 juin 1894, M. Souhait a proposé un amendement ainsi conçu : « L'exploitant

versera une somme égale à 9 p. 100 du salaire des
ouvriers ou employés, dont 3 p. 100 à prélever sur
le salaire et 6 p. 100 à fournir par l'exploitant lui-
même ».

Cet amendement fut combattu principalement par
le rapporteur de la commission de la Chambre et
rejeté.

III. — *Aliénation et réserve du capital.*

Les versements sont faits à capital aliéné quand
les capitaux demeurent définitivement acquis à la
caisse des retraites.

Les versements sont effectués à capital réservé
lorsque les sommes versées sont remboursées sans
intérêts au décès du titulaire, à ses héritiers ou
ayants droit.

L'art. 16 du projet de loi voté par la Chambre stipulait que les versements aux caisses de retraite
devraient être faits à capital réservé. La Chambre
avait ainsi voulu organiser l'assurance en cas de
décès prématuré.

« Cette disposition, dit M. Cuvinot, nous paraît
de tous points inacceptable.

Nous montrerons d'abord par quelques chiffres
les effets qu'elle produirait. Prenons comme exemple
un mineur dont le salaire moyen est de 1200 francs.

La retenue annuelle fixée à 4,50 pour 100 du salaire serait de 54 francs. Si l'on calcule, d'après les tables de la caisse nationale des retraites pour la vieillesse, au taux de 3,50 pour 100 la rente provenant du versement à capital réservé de pareille somme, depuis l'âge de 14 ans, on arrive :

Pour la pension acquise à 50 ans, au chiffre de 235 fr. 22.

Pour la pension acquise à 55 ans, au chiffre de 354 fr. 02.

Admettons maintenant l'hypothèse du versement à la même caisse des retraites et à capital aliéné d'une somme fixée à 3 p. 100 du salaire, soit dans l'espèce de 36 francs à partir de 14 ans. Les rentes acquises seront:

A l'âge de 50 ans, de 231 fr. 12 ;

A l'âge de 55 ans, de 353 fr. 16.

Il résulte des chiffres qui précèdent que le montant de la pension est sensiblement le même pour un versement de 4,50 p. 100 à capital réservé et 3 p. 100 à capital aliéné. Pour obtenir des avantages identiques, le déposant est tenu, dans le premier cas, de verser en plus chaque année, avec le concours de l'exploitant, une somme égale à 1 fr. 50 p. 100 de son salaire.

Ce supplément de charge est, dans l'opinion de la commission de la Chambre, parfaitement motivé.

Le placement à capital aliéné serait, d'après elle, la mise en œuvre de sentiments égoïstes, qu'une haute conception de la prévoyance ne permet pas d'approuver et de favoriser. « Il convient, d'ailleurs, ajoutait la commission, de constituer le patrimoine de ceux qui viendront après ».

« Mais, ajoute M. Cuvinot, c'est aller bien loin dans la recherche de l'amélioration sociale ! »

L'abaissement du taux d'intérêt qui est survenu depuis l'époque où la Chambre s'était prononcée permettrait difficilement d'établir une pension à peu près suffisante avec réserve du capital. Mais le projet, tel qu'il est revenu du Sénat, outre qu'il autorise le versement à capital réservé et dès lors la conservation dans l'intérêt de la famille d'une partie de l'épargne de son chef, permet aux sociétés de secours mutuels de réaliser dans une certaine mesure l'assurance en cas de décès prématuré. Il autorise, en effet, les conseils d'administration à prévoir des allocations exceptionnelles et renouvelables en faveur des veuves ou orphelins d'ouvriers ou employés décédés.

IV. — *Fonctionnement de la caisse nationale des retraites pour la vieillesse*

Les dispositions du décret du 28 décembre 1886 sont, en vertu de l'art. 1er du décret du 14 août

1894, applicables aux versements effectués à cette
caisse au compte des ouvriers mineurs, conformément à la loi du 29 juin 1894... sous réserve des modifications énoncées aux art. 2 et suiv. du décret
précité du 14 août 1894.

Art. 3. — **Les pensions sont acquises et liquidées dans les
conditions prévues à la loi du 20 juillet 1886 sur la caisse
nationale des retraites pour la vieillesse.**

**L'entrée en jouissance est fixée à cinquante-cinq ans : elle
pourra être différée sur la demande de l'ayant droit, mais les
versements cesseront à partir de cet âge d'être obligatoires (1).**

Acquisition et liquidation des pensions. — Les dispositions de cet article doivent se combiner avec les
art. 4 et suivants de la loi du 20 juillet 1886 et les
articles 1er et suiv. du décret du 28 décembre 1886,
et les articles 3 et 4 du décret du 14 août 1894

L'acquisition et la liquidation des pensions se fe-
ront d'après la loi du 20 juillet 1886, art. 3 parag. 1.

La commission du Sénat avait abaissé à cinquante
ans l'âge de l'entrée en jouissance de la rente pour
permettre aux ouvriers qui seraient devenus inca-

---

1. Le projet primitif de la commission du Sénat portait un
article 5 ainsi conçu : « Les rentes résultant des versements
opérés seront. s'il y a lieu, majorés par l'État en conformité
de la loi générale sur les pensions ouvrières ». La loi visée
n'étant pas votée, cet art. 5 a été supprimé comme inutile.

Rougé   8

pables d'un travail suffisamment rémunérateur,
d'ajouter à leur salaire le montant de leur pension.
Mais le 16 mars 1893, M. Blavier demanda au Sénat
d'élever cette limite à cinquante-cinq ans afin d'augmenter de 33 p. 100 la retraite de l'ouvrier, et M.
Lacombe en fit l'objet d'un amendement spécial.
Cet amendement accepté par le rapporteur de la
Commission fut voté par le Sénat, sur les observations de M. Lacombe, qui fit remarquer qu'aux
termes de la loi nouvelle (art. 7) il était loisible aux
sociétés de secours de venir en aide aux ouvriers
que la maladie ou une incapacité momentanée em-
pêcherait de travailler; qu'en ce qui concerne les
ouvriers qui seraient rendus incapables de travailler
par suite d'infirmités permanentes ou de blessures,
ils bénéficieraient de l'art. 11 de la loi du 20 juillet
1886 sur la caisse nationale des retraites. Cet article
11 autorise la liquidation anticipée de la pension en
cas de blessures graves ou d'infirmités prématurées
régulièrement constatées.

Art. 4. — Les exploitants des mines pourront obtenir l'autorisation de créer des caisses syndicales ou patronales de
retraite pour les ouvriers ou employés dans leurs exploitations.

L'autorisation sera donnée par décret rendu dans la forme
des règlements d'administration publique. Le décret fixera
les limites du district, les conditions du fonctionnement de la

caisse et son mode de liquidation. Il prescrira également les mesures à prendre pour assurer le transfert soit à une autre caisse syndicale ou patronale, soit à la caisse nationale des retraites pour la vieillesse, des sommes inscrites au livret de chaque intéressé.

Les fonds versés par les exploitants dans la caisse syndicale ou patronale devront être employés en rentes sur l'Etat, en valeurs du trésor ou garanties par le trésor, en obligations départementales ou communales ; les titres seront nominatifs.

La gestion des caisses syndicales ou patronales sera soumise à la vérification de l'inspection des finances et au contrôle du receveur particulier de l'arrondissement du siège de la caisse.

Création de caisses syndicales ou patronales. — L'art. 4 répond au vœu qui avait été formulé à la chambre dans le cours de la première délibération, vœu que la Commission avait d'ailleurs accueilli entre deux lectures.

La faculté de former des caisses syndicales ou patronales pour assurer le service des pensions de retraite des ouvriers mineurs est basé sur l'inconvénient qu'il y aurait à centraliser tous les fonds entre les mains de l'Etat.

Le législateur n'a pu définir d'une façon précise l'organisation et le mode de fonctionnement de ces caisses. Il a simplement indiqué les conditions de garantie et de contrôle auxquelles elles doivent rester soumises, la liberté qui doit être assurée aux déposants pour le transfert de caisse à caisse et il a laissé au Conseil d'Etat le soin de statuer sur les demandes d'autorisation. (Rapport de M. Cuvinot au Sénat).

Art. 5. — Si des conventions spéciales interviennent entre les exploitants et leurs ouvriers ou employés dans le but d'assurer à ceux-ci, à leurs veuves ou à leurs enfants, soit un supplément de rente viagère, soit des rentes temporaires ou des indemnités déterminées d'avance, le capital formant la garantie des engagements résultant desdites conventions devra être versé ou représenté à la caisse des dépôts et consignations ou dans les caisses à créer en vertu de l'art. 4.

Les exploitants adresseront chaque année par l'intermédiaire du préfet au ministre des travaux publics et dans les formes déterminées par lui le compte rendu des mesures prises en exécution du précédent paragraphe.

Conventions spéciales entre ouvriers et patrons. — Le versement à la caisse des retraites pour la vieillesse d'une somme égale à 4 p. 100 du salaire de l'ouvrier n'assure à celui-ci qu'une rente modeste, et s'il vient à décéder, sa veuve n'a droit qu'à une fraction restreinte de la pension. Les enfants n'ont droit à aucune allocation.

« Nous sommes persuadés, dit M. Cuvinot dans son rapport, que du jour où la loi serait mise en pratique, les exploitants, d'accord avec les ouvriers, s'efforceraient d'en compléter les effets par des améliorations de détail, par des assurances ou par des suppléments de rente réversible sur la tête de la femme ou des enfants.

Mais pour que ces bonnes intentions aboutissent à des réalisations certaines, pour qu'elles inspirent confiance, il est indispensable qu'elles soient gagées comme les pensions de retraites elles-mêmes, par le versement d'un capital ou le dépôt de valeurs qui garantissent l'exécution des engagements pris. » Telle est la portée de l'art. 5.

Mais l'art. 5 ne s'applique pas, quant au fond, aux cas prévus à l'article 2, dans lesquels par le fait de l'exploitant et de l'ouvrier, agissant simultanément par suite d'accord entre eux, il sera fait du chef de l'exploitant à titre permanent ou occasionnel sur le livret idividuel d'un intéressé un versement supérieur à celui de 2 pour 100 du salaire fixé par l'art. 2. Circul. précitée.

C'est le propre du système du livret individuel d'emporter d'une façon continue sa garantie par son seul jeu. Toutefois, si ce n'était pas à titre de libéralité occasionnelle, mais par une convention, par un règlement permanent complétant le contrat de travail que l'exploitant verserait plus de 2 p. 100, cette convention, ce règlement devrait être communiqué au ministre des travaux publics par l'intermédiaire du préfet, à titre de renseignement par application de l'art. 5. Toute modification ultérieure de ces arrangements devrait être communiquée au ministre, en son temps, de la même manière. D'une façon plus générale, du reste, l'article 5 ne s'applique pas aux libéralités, sous quelque forme qu'elles soient accordées, qui n'ont qu'un caractère purement occasionnel. (Circ. min. trav. pub., 30 juin 94).

Il ne s'applique, comme son texte le porte explicitement que s'il y a convention, c'est-à-dire, engagement permanent résultant d'un règlement qui forme une sorte de complément du contrat de travail. Même circulaire.

L'exploitant est tenu, en outre, de saisir annuellement le ministre des résultats de l'application de la convention ou du règlement, par un compte rendu, qui comprend deux parties : une première donne l'état : 1° de toutes les pensions ou rentes en cours de jouissance ; 2° de tous les engagements contractés soit pour rentes viagères ou temporaires à servir, soit pour indemités à payer en capital à une échéance donnée. (Circ., 30 juin 1894).

Cet état indique pour chaque pensionné ou bénéficiaire : 1° ses nom, prénoms, âge, domicile ; 2° le montant de sa pension acquise ou en cours d'acquisition et sa durée si elle est ou doit être temporaire, ou bien le montant de l'indemnité à toucher avec indication de l'échéance ; 3° en tout

cas, la valeur actuelle de l'engagement contracté en
sa faveur. (Même circulaire).

L'état fait connaître les règles et tables d'après
lesquelles ces valeurs ont été calculées.(Même circulaire).

Une deuxième partie du compte rendu donne le
montant des capitaux disponibles ou le détail des
valeurs déposées comme garantie des engagements
en indiquant pour chacune des valeurs déposées la
base de son évaluation. (Circ. 30 juin 1894).

Les indications sur le montant des capitaux disponibles et sur le détail des valeurs déposées doivent
être attestées par un certificat délivré par la caisse
dépositaire, qui est annexé au compte rendu.(Même
circulaire).

L'administration n'est pas responsable de l'appréciation des valeurs que l'exploitant peut librement
choisir pour gager ses engagements ; elle n'a pas
davantage l'obligation de vérifier que les garanties
équivalent mathématiquement aux engagements.
(Circ. 30 juin 1894).

Le but du législateur a été, en premier lieu, de
spécialiser le gage pour le mettre à l'abri de la ca-
tastrophe ; il a voulu, d'autre part, montrer à l'exploitant la nécessité d'une constitution de ces réserves qu'on a trop oubliées jadis ; il s'est proposé enfin de créer une sorte de publicité qui permît éven-

tuellement aux intéressés, s'ils trouvaient insuffisantes les garanties à eux données de faire valoir devant les tribunaux les droits qu'ils croiraient tirer à cet égard de l'art. 5. (Même circulaire).

Néanmoins l'administration manquerait à un devoir élémentaire si elle n'attirait pas l'attention de l'exploitant sur les erreurs manifestes de son compte rendu soit dans l'évaluation des engagements, soit dans l'appréciation des valeurs de garantie. (Même circulaire).

L'omission par l'exploitant de l'envoi des comptes rendus a comme sanction les pénalités prévues à l'art. 30 de la loi du 29 juin 1894. (Civ. préc. du 30 juin, parag. 10).

Titre III

Des sociétés de secours.

Art. 6. — La caisse de chaque société de secours sera alimentée par : 1° Un prélèvement sur le salaire de chaque ouvrier ou employé dont le montant sera fixé par le conseil d'administration de la Société sans pouvoir dépasser 2 pour 100 du salaire ; 2° un versement de l'exploitant égal à la moitié de celui des ouvriers ou employés ; 3° les sommes allouées par l'Etat sur les fonds de subventions aux sociétés de secours mutuels ; 4° les dons et legs ; 5° le produit des amendes encourues pour infraction aux statuts et de celles infligées aux membres participants par application du règlement intérieur de l'entreprise.

I. — *Caractères généraux des sociétés de secours.*

Les sociétés de secours du titre III ne sont, en somme, que des sociétés de secours mutuels dont l'objet spécial est défini à l'art. 7 et qui ne diffèrent des vraies sociétés de secours mutuels que par l'affiliation obligatoire des intéressés.

D'autre part, l'obligation de cette affiliation entraîne dans certains cas l'intervention de l'administration. Circ. min. trav. pub. 30 juin 1894 parag. 11.

L'administration intervient tout d'abord dans la constitution de la société pour assurer en vertu de l'art. 11 le vote qui permettra de nommer le premier conseil d'administration chargé d'élaborer les statuts. Même circulaire.

Ces statuts doivent être approuvés par l'administration. Les statuts arrêtés, la société vit sous leur empire comme toute société de droit privé ; l'administration notamment n'a plus à s'immiscer dans toutes opérations électorales subséquentes. Circ. 30 juin 1894.

Toutefois, l'administration exerce sur la gestion des sociétés une surveillance définie par les art. 15, 16 et 17 : le but essentiel de ces dispositions est d'empêcher que les fonds ne soient employés à d'autres destinations que celles prévues par les statuts et la loi. Même circulaire.

II. — *Ressources des sociétés de secours.*

Le projet voté par la Chambre fixait en définitive un prélèvement pour la caisse de secours.

« Est-il opportun, est-il prudent, écrit M. Cuvinot dans son rapport au Sénat, de fixer par la loi le prélèvement qui doit alimenter la caisse de secours ?

Il peut arriver que suivant les circonstances ce prélèvement soit excessif ou insuffisant, et il est assurément plus rationnel d'abandonner aux commissions administratives des sociétés de secours le soin de fixer la cotisation dans les limites déterminées par les statuts.

Dans un certain nombre de sociétés de secours, la cotisation des sociétaires est indépendante du salaire. Pour sa fixation, il est tenu compté de l'âge et des chances de morbidité plus ou moins grandes des adhérents. Nous pensons qu'il convientde respecter les usages et de laisser aux intéressés, pour leur organisation intérieure, la plus grande liberté possible et les facilités dont sont appelées à jouir toutes les sociétés de secours mutuels... »

... « L'art. 6 attribue au Conseil d'administration de chaque société de secours le droit de fixer dans les limites d'un maximum de 2 p. 100 des salaires le montant des cotisations à fournir par les ouvriers et les employés.

Le versement des exploitants sera égal à la moitié des cotisations ouvrières.

Nous estimons qu'en principe l'intervention de l'exploitant est justifiée. Il peut dépendre de lui dans une certaine mesure que les conditions hygiéniques de la vie et du travail des ouvriers soient améliorées ; sa participation à la caisse de secours l'intéressera directement à cette amélioration. Les initiatives prises dans la plupart des exploitations minières viennent appuyer notre conclusion. »

Le projet primitf de la commission de la Chambre avait pour objet de pourvoir aux trois risques, maladie, vieillesse et accidents. La dépense totale était partagée entre l'exploitant et les ouvriers ; chacune des parties étaient censée concourir également aux ressources créées pour faire face à chacun des risques (la caisse d'accidents était alimentée par un prélèvement de 25 francs et la caisse de maladie par un prélèvement de 20 francs.)

La Chambre ayant distrait du projet qui lui était soumis le titre spécial aux accidents pour le rattacher à la loi générale sur les accidents du travail, il résultait insplicitement de cette distraction, comme première conséquence, la mise à la charge exclusive de l'exploitant de toutes les dépenses concernant les accidents.

Il semblait rationnel de tenir compte de cette modification dans le projet rectifié et, à titre de compensation d'exonérer l'exploitant de toute contribution aux caisses de secours. On n'en a rien fait, et le texte soumis à la Chambre en deuxième délibération maintenait pour les caisses de maladie la répartition primitive. »

La solution proposée par la commission du Sénat est éminemment plus équitable.

Les chiffres auxquels elle s'est arrêtée offrent aux sociétés une marge très suffisante. Le projet primitif de la Chambre évaluait à 28 francs par an et par membre participant la dotation des sociétés de secours ; le projet rectifié prenait pour base de cette dotation 2 p. 100 du salaire.

En portant à 3 p. 100 en totalité le prélèvement maximum à attribuer aux caisses de secours, on laissera certainement au fonctionnement de ces caisses toute l'élasticité désirable. (Rapport de M. Cuvinot au Sénat).

La rédaction de l'art. 6 a donné lieu à de longues discussions à la Chambre des députés et au Sénat relativement au prélèvement sur le salaire des ouvriers et employés et au versement des exploitants.

C'est la rédaction proposée par la commission du Sénat, qui a prévalu.

Sommes allouées par l'État. — Les lois annuelles de finances inscrivent des crédits assez importants destinés à être répartis sous forme de subvention à des établissements de bienfaisance. Le ministre détermine la somme totale qui sera allouée à chaque département pour ses établissements charitables, sur les fonds provenant de ce crédit ; puis, après avoir reçu les propositions des conseils généraux, conformément à l'art. 68 de la loi du 10 août 1871, il distribue cette somme entre les différentes institutions de bienfaisance publiques ou privées dont les ressources sont insuffisantes.

Ces subventions doivent être réservées à ceux de ces établissements qui justifient de besoins exceptionnels et non à ceux dont ils ne serviraient qu'à accroître les ressources ordinaires.

Dons et legs. — Les dons et legs ne peuvent être acceptés par les sociétés de secours mutuels qu'avec l'autorisation de l'administration.

Amendes encourues pour infraction aux statuts. — Elles sont fixées par l'art. 30 de la loi (1).

Redevances tréfoncières votées par la Chambre seulement.

Parmi les ressources que le projet voté par la Chambre entendait affecter à l'alimentation des caisses de prévoyance, figurait une retenue obligatoire de

---

1. Il convient d'ajouter aux ressources de la caisse prévues par la loi un produit mentionné dans les statuts de toutes les sociétés : l'intérêt de leurs capitaux.

10 p. 100 sur les redevances effectivement payées par les exploitants de mines aux propriétaires tré-fonciers.

Cette disposition, combattue par M. de La Batie, fut maintenue dans le projet.

La commission du Sénat, d'accord avec le ministre des travaux publics, proposa de l'écarter pour les raisons suivantes :

En dehors du bassin de la Loire, la clause proposée était absolument sans portée pratique, puisque les redevances tréfoncières sont à peu près partout tellement infimes (0 fr. 05 à 0 fr. 10 par hectare de la concession), qu'elles ne sont même pas payées.

D'ailleurs, cette clause était anti-juridique et anti-économique :

Anti-juridique, parce que l'on ne peut, sans iniquité, prélever un impôt sur une partie déterminée de la fortune des particuliers pour l'affecter à quelques individus d'une profession spéciale ;

Anti-économique, parce que son adoption eût créé un appel exceptionnel de main-d'œuvre sur celles des mines du bassin de la Loire où les redevances tréfoncières variables en chaque point eussent donné les résultats les plus forts. Rapport de M. Cuvinot.

Art. 7. — Les statuts des sociétés de secours doivent fixer : 1° la nature et la quotité des secours et des soins à donner aux

membres participants, que la maladie ou des infirmités empêcheraient de travailler ; 2° en cas de décès des membres participants, la nature et la quotité des subventions à allouer à
leurs familles ou ayants droit.

Les statuts peuvent autoriser l'allocation des secours en
argent et des soins médicaux et pharmaceutiques aux femmes
et enfants des membres participants et à leurs ascendants. Ils
peuvent aussi prévoir des secours journaliers en faveur des
femmes et des enfants des réservistes de l'armée active et
des hommes de l'armée territoriale appelés à rejoindre leur
corps, enfin des allocations exceptionnelles et renouvelables
en faveur des veuves ou orphelins d'ouvriers ou employés
décédés après avoir participé à la société de secours.

Des statuts des sociétés de secours. — L'art. 7 détermine au parag. 1ᵉʳ ce que les statuts doivent
nécessairement contenir et au parag. 2 ce qu'ils
peuvent régler, le tout dans la limite des ressources
de l'art. 6, tous autres objets étant légalement inter-
dits aux sociétés. (Circ. min. trav. pub. 30 juin
1894.

L'art. 7 précise les dépenses qui ont un caractère
obligatoire et celles qui sont purement facultatives.
La liste de ces dernières est assez étendue et permet
aux sociétés de venir en aide à des infortunes réel-
les, qui ne rentrent pas dans le cadre étroit des secours aux membres participants. (Rapport de M.
Cuvinot au Sénat).

*Création d'un fonds spécial, voté par la Chambre
seulement.*

Déjà dans le projet présenté en 1885 par M. Mazeron, cette création était admise. L'art. 11 du projet portait, en effet :

« Un fonds spécial réservé, dont le conseil d'administration réglera annuellement l'importance, sera créé dans chaque caisse pour fournir des gratifications renouvelables aux anciens mineurs infirmes, âgés de 50 ans et justifiant d'au moins vingt-cinq ans de travail dans les mines, qui faute de versements antérieurs n'auraient pas droit à une pension de retraite ».

Sous la forme d'une prescription, l'article qu'on vient de lire laissait en réalité aux conseils d'administration la faculté de fournir ou non des gratifications aux anciens mineurs. C'était une prévision de charité et non une obligation. Le projet voté par la Chambre alla beaucoup plus loin. Le paragraphe 2 de l'art. 6 stipulait expressément :

« Ce fonds sera formé par un prélévement de 1/2 p. 100 sur les salaires, qui sera versé à chaque paye par l'exploitant ».

Ici, l'obligation était très explicite. Dans toute exploitation minière, quelles que soient les mesures de prévoyance prises dans le passé et à toute époque dans l'avenir, les ouvriers et les exploitants eussent été tenus de consacrer 1/2 p. 100 des salaires à améliorer la situation des anciens mineurs. Ce n'eût pas été seulement l'effet rétroactif pour le présent, c'eût été encore l'effet rétroactif pour l'avenir.

Il était bien et dûment écrit que l'ouvrier mineur, pendant la durée entière de sa vie de travail, dût contribuer à la pension de ceux qui l'avaient précédé. (Rapport de M. Cuvinot).

« Que les ouvriers mineurs dans un très louable sentiment de fraternité consacrent volontairement une somme annuelle au soulagement des misères exceptionnelles, nous ne pouvons qu'y applaudir, dit M. Cuvinot ; mais que, par la loi, il soit établi sur ceux qui travaillent une sorte d'impôt perpétuel en faveur de leurs devanciers dans la vie, nous ne saurions y souscrire ».

Art. 8. — En cas de maladie entrainant une incapacité de travail de plus de quatre jours, avec suppression de salaire, la caisse de la société de secours versera, à la fin de chaque semestre, au compte individuel du sociétaire participant à une caisse de retraites une somme au moins égale à 5 p. 100 de l'indemnité de maladie prévue par les statuts.

L'obligation de ce versement cessera avec l'indemnité elle-même.

Rougé   9

Des versements à la caisse des retraites lorsque l'ouvrier
est malade.

L'art. 8 prévoit le cas d'une interruption de travail pour cause de maladie. Le sociétaire ne recevant
aucun salaire serait dans l'impossibilité d'effectuer
à la caisse de retraites les versements prescrits par
l'art. 2. La société de secours se substitue à lui pour
verser une somme équivalente. L'indemnité accordée en cas de maladie ne dépassera vraisemblablement pas les 3/5 de la journée de travail. Si cette
journée est de 5 francs, l'indemnité de maladie serait donc au maximum de 3 francs. (Rapport de M.
Cuvinot au Sénat).

Art. 9. — A défaut d'accord entre les intéressés, la circonscription de chaque société de secours sera fixée par un décret
rendu en conseil d'Etat.

Une même exploitation pourra être établie pour les concessions ou exploitations voisines, appartenant soit à un seul
exploitant soit à plusieurs concessionnaires.

Les industries annexes des exploitations des mines pourront à la demande des parties intéressées et sous l'autorisation du ministère des travaux publics être agrégées aux circonscriptions des sociétés de secours des mines.

De la circonscription des sociétés de secours. Le premier point dont l'administration doit s'occuper est

de provoquer les premières élections prévues par
l'art. 11. Mais pour pouvoir convoquer les électeurs,
désigner la Mairie où ils doivent voter, faire dresser
d'office éventuellement dans le cas prévu par l'avant-
dernier paragraphe du même article (et qui ne peut
être qu'exceptionnel) les listes électorales, il faut
d'abord que la circonscription ait été définie. C'est
ce que règle plus spécialement l'art. 9. (Circ. min.
trav. pub. 30 juin 1894).

La circonscription peut se définir géographique-
ment en ce sens qu'elle comprendrait sans distinction entre leurs occupations, les ouvriers et employés de toute la concession ou d'une de ses parties,
d'un groupe de concessions ou d'exploitations voisins, elle peut aussi ne comprendre que les ouvriers
de certaines spécialités, comme le cas s'est présenté
avant la promulgation de la loi du 29 juin 1894 et
a pu être maintenu par application de l'art. 18.
(Même circulaire).

L'intention du législateur sauf le cas des industries annexes prévues par le dernier paragraphe de
l'art. 9 a été de ne faire intervenir l'administration
dans la fixation des circonscriptions que s'il y avait
un désaccord manifeste entre les intéressés, c'est-à-
dire, entre l'exploitant d'une part et d'autre part,
les divers groupes d'ouvriers et d'employés qui pourraient avoir des vues divergentes sur leur répartition

en société de secours. (Circ. préc. 30 juin 1894, circ. min. trav. pub. 20 déc. 1894).

C'est parce que l'administration ne doit intervenir que dans ce cas de conflits patents, relativement graves et qui seront apparemment fort rares, que la solution a été émise à cette forme solennelle et partant assez lente, d'un décret rendu en conseil d'Etat. (Circ. 30 juin 1894).

Il serait absolument impossible de donner des règles sur les moyens de rechercher à l'avance s'il y a accord entre les intéressés et sur quelles bases se fait cet accord, puisque les intéressés peuvent éventuellement comprendre des groupes qui ne sont pas et ne peuvent pas être actuellement connus de l'administration. Même circulaire.

Il a été recommandé aux préfets de se mettre en rapport, en utilisant le concours des ingénieurs des mines, avec chaque exploitant de mine en activité, pour reconnaître, en tenant compte de toutes les circonstances, la circonscription ou les circonscriptions qui doivent correspondre pour le mieux à chaque exploitation. Circ. min. trav. publ., 30 juin 1894.

S'il existe des sociétés comme celles visées par l'art. 18, c'est-à-dire, de véritables sociétés de secours mutuels ayant leurs statuts dûment approuvés par l'autorité préfectorale, en vertu du décret du 26 mars 1852, sur les sociétés de secours mutuels, on

doit laisser leurs membres en dehors des nouvelles
sociétés de secours et par suite des élections à provoquer en vertu de l'art. 11 Même circulaire.

Finalement, l'exploitant doit faire connaître au
préfet, après s'en être assuré par les moyens à sa
disposition, s'il est d'accord ou non avec les autres
intéressés, et il a à lui soumettre des propositions
pour l'assiette de la circonscription ou des circonscriptions concernant son personnel. Même circulaire.

Si après avoir pris l'avis des ingénieurs des mines,
le préfet estime que l'accord paraît effectivement
exister, il convoque les électeurs en conséquence,
conformément aux dispositions de l'art. 11. Circ.
préc., 30 juin 1894.

Le préfet n'a pas à prendre d'arrêté spécial pour
définir et délimiter les circonscriptions. Il suffit que
l'arrêté de convocation des électeurs (qui peut et
devra généralement être le même pour toutes les
circonscriptions correspondant à une entreprise) indique avec netteté à quelle circonscription, suivant
les cas, chaque électeur est rattaché et à quelle
mairie, en conséquence, il doit voter, suivant son
domicile, la nature ou le lieu de son emploi. Même
circulaire.

Dans le cas où l'enquête préalable à la convocation des électeurs amène le préfet à reconnaître
qu'il y a entre les intéressés sur la constitution de

la circonscription ou des circonscriptions un défaut
d'accord ou des divergences sur leur répartition en
sociétés de secours, le préfet saisit le ministre du
dossier, pour qu'il soit donné suite, s'il y a lieu, à la
contestation conformément à l'art. 9 paragraphe 1er de
la loi du 29 juin 1893. En ce cas, les électeurs ne
pourraient être convoqués qu'après qu'il aurait été
statué. Circ. min. trav. publ., 30 juin 1894.

Si l'invitation adressée à l'exploitant reste sans
résultat, si les circonstances amènent le préfet à
reconnaître une volonté arrêtée des intéressés de ne
pas appliquer la loi, ou une inertie systématique,
l'administration serait fondée à assimiler ce cas au
défaut d'accord prévu à l'art. 9, et le préfet aurait
alors à saisir le ministre du dossier de l'affaire avec
le rapport des ingénieurs des mines, aux fins ci-
dessus indiquées. Circ. 20 déc. 1894.

On doit dans les premières élections laisser en dehors les ouvriers des industries annexes dont parle
l'art. 9 dernier paragraphe de la loi. Leur agrégation
aux sociétés de secours ne peut avoir lieu qu'après
la constitution de ces sociétés, si ces ouvriers le
demandent et s'il y a consentement à la fois de
l'exploitant et du conseil d'administration de la société. Circ. 30 juin 1894.

Les règles tracées ci-dessus pour les élections
sont applicables aux élections à faire ultérieurement

pour les mines qui, plus tard viendraient à être concédées ou dont l'exploitation alors abandonnée serait reprise.

Art. 10. — La société est administrée par un conseil composé de neuf membres au moins.

Un tiers des membres est désigné par l'exploitant les deux autres tiers sont élus par les ouvriers ou employés parmi les membres participants dans les conditions indiquées aux articles suivants. Il sera procédé en même temps, dans les mêmes conditions, à la nomination de trois membres suppléants destinés à remplacer, en cas d'absence ou de vacance, les membres titulaires.

Si l'exploitant renonce, au moment d'une élection à faire usage en tout ou en partie de la faculté qui lui est réservée par le précédent paragraphe, les membres du conseil non désignés par l'exploitant sont élus par les ouvriers et employés.

Les décisions prises par le conseil ne sont valables que si plus des deux tiers des suffrages ont été exprimés ; néanmoins, après une seconde convocation faite dans la forme ordinaire, les décisions sont prises à la majorité, quel que soit le nombre des suffrages exprimés.

Le conseil nomme parmi ses membres, un président, un secrétaire et un trésorier.

I. *Composition du Conseil d'administration.* —L'article 10 (paragraphes 8 et 12) détermine la composition du Conseil d'administration des sociétés de secours.

La commission du Sénat avait admis que les membres honoraires pourraient faire partie de ce conseil parce que cet usage, adopté par un certain nombre de sociétés, donnait les meilleurs résultats.

A la séance du 21 février 1893, M.de Marière exprima la crainte que sous couleurs de membres honoraires,on n'arrivât à introduire dans les conseils d'administration des personnes absolument étrangères à l'exploitation et qui se proposeraient non pas de faire les affaires des sociétés, mais d'y jeter quelquefois le trouble.

Dans l'intervalle de la première à la deuxième délibération, les deux premiers paragraphes furent modifiés en retranchant les mots « membres honoraires », ce qui n'exclut pas les ingénieurs et les agents les plus élevés dans la hiérarchie de l'exploition, qui font obligatoirement partie de la caisse de secours comme membres participants.

A la même séance du 21 février 1893, M. Blavier demanda ce qui se passera dans le cas où les ouvriers ne nomment pas les délégués ou les membres du conseil d'administration qu'ils sont chargés de désigner,ou s'ils procédent incomplètement à ces nominations.Le rapporteur répondit qu'il n'avait pu supposer que les ouvriers fissent abandon de leur droit.

« Il n'est pas douteux qu'à l'origine, dit M. Cuvinot, dans son rapport, l'intervention des membres nommés par l'exploitant sera souvent jugée utile.

Mais lorsque les ouvriers auront acquis l'expérience de la gestion des sociétés de secours, certains exploitants estimeront peut-être qu'il y aurait

avantage à remettre complètement l'administration
des caisses aux intéressés eux-mêmes. La renonciation prévue par l'art. 10 ne constituerait pas d'ailleurs un abandon définitif de la faculté réservée aux
exploitants. Cette faculté pourrait s'exercer à chaque élection »

II. — *Election des membres du premier conseil d'administration*

Les premières élections, les seules auxquelles le
préfet ait à faire procéder ont pour objet les membres du premier conseil d'administration (Cir. min.
30 juin 1894).

D'après l'art. 10, ce premier conseil doit nécessairement se composer de neuf membres, dont six à
élire par les ouvriers et employés et trois à désigner
par l'exploitant. Les électeurs doivent donc être appelés par l'arrêté de convocation (art. 1) à élire les
six membres titulaires et les deux membres suppléants destinés à remplacer ceux-ci en cas d'absence
ou de vacance ; le troisième membre suppléant est
désigné par l'exploitant (Même circulaire).

Mais l'exploitant peut renoncer en tout ou en
partie à la faculté qui lui est donnée. Si cette renonciation est signifiée par lui au préfet avant la convocation des électeurs, l'arrêté de convocation, après
avoir visé cette stipulation dans son préambule, in-

vite les électeurs à élire en plus des six membres
normaux, le nombre de ceux que l'exploitant renonce
à désigner (Même circulaire).

Si l'exploitant signifie sa renonciation au préfet
après l'arrêté de convocation, l'élection des nouveaux
membres à élire par les ouvriers et employés fait
l'objet d'un vote complémentaire. Même circulaire.

Si la renonciation de l'exploitant est complète, les
ouvriers ont à élire, en outre des neuf conseillers titulaires trois suppléants (Même circulaire).

  L'exploitant doit dans tous les cas informer le
préfet des désignations de conseillers faites par lui.
(Circ. 30 juin 1894).

Comme conséquence du dernier paragraphe de
l'art. 10, tant que les statuts ne sont pas arrêtés,
le Conseil, pour pouvoir délibérer, doit comprendre
plus de six membres. Si donc, après l'élection, l'exploitant ne désignait pas les conseillers qui dépendent de son choix, il mettrait le conseil dans l'impossibilité de fonctionner, et on devait considérer
l'exploitant comme ayant renoncé à faire usage de
la faculté qui lui était réservée (Même circulaire).

En conséquence, lorsque dix jours après la date
de l'élection l'exploitant n'a pas encore désigné ses
conseillers, le préfet le met en demeure d'y procéder dans un délai de huitaine, en le prévenant que
s'il ne défère pas à ladite invitation dans ce délai,

il sera considéré comme ayant renoncé à la faculté
qui lui appartenait, et le préfet provoque ensuite,
s'il y a lieu, des élections complémentaires (Même
circulaire).

Art. 11. — Sont électeurs tous les ouvriers et employés, du
fond et du jour, Français, jouissant de leurs droits politiques,
inscrits sur la feuille de la dernière paye.

Sont éligibles, à la condition de savoir lire et écrire et, en
outre, de n'avoir jamais encouru de condamnation aux termes
des dispositions soit de la présente loi, soit de la loi du
21 avril 1810 et du 2 janvier 1813, soit des art. 414 et 415 du
Code Pénal, les électeurs âgés de vingt cinq ans accomplis occupés depuis plus de cinq ans dans l'exploitation à laquelle
se rattache la société de secours. Toutefois dans les cinq
premières années de l'exploitation, le nombre des années de
service exigées sera réduit à la durée de l'exploitation elle-
même.

Les électeurs sont convoqués pour la première fois par un
arrêté du préfet, qui fixe la date de l'élection ainsi que les
heures d'ouverture et de fermeture du scrutin.

Le vote a lieu à la mairie de la commune désignée dans
l'arrêté de convocation parmi celles sur le territoire desquelles
s'étend la circonscription. Le bureau électoral est présidé par
le Maire.

L'arrêté est publié et affiché dans les communes intéressées quinze jours au moins avant l'élection. Il est notifié à
l'exploitant.

Dans les huit jours qui suivent cette modification, les listes
électorales de la circonscription sont affichées, à la diligence
de l'exploitant, aux lieux habituels pour les avis donnés aux
ouvriers.

Un double de ces listes est, par les soins de l'exploitant, remis au maire qui est chargé de présider le bureau.

Sera puni des peines prévues aux articles 93 et suivants de la loi du 21 avril 1810 l'exploitant qui refuserait ou négligerait de se conformer aux prescriptions qui précèdent.

Le préfet peut, en outre, faire dresser et afficher les listes électorales aux frais de l'exploitant ; les frais rendus exécutoires par le préfet seront recouvrés comme en matière de contributions publiques.

Les opérations électorales subséquentes ont lieu dans le local indiqué suivant les formes et aux conditions prescrites par les statuts.

I. — *Electorat.* — Le parag. 1er de l'art. 11 règle l'électorat pour la désignation des membres du Conseil d'administration des sociétés de secours. Il s'explique de lui-même et ne comporte aucune observation spéciale.

II. — *Eligibilité.* — Elle est déterminée par le paragraphe 2. La Cour de cassation a eu à statuer sur la question de savoir s'il résulte des mots « occupés depuis plus de cinq ans dans l'exploitation » que ces cinq années doivent avoir précédé l'élection immédiatement et sans interruption. Elle l'a résolue affirmativement (Req., 20 mars 1895, aff. Allègre. D. P. 95, 1, 208). Voir dans le même sens le rapport de M. le conseiller Ballot-Baupré et les conclusions de l'Avocat général Cruppi dans une autre affaire (D. P. 95, 1, 99).

III. — *Règles concernant le local, les formes et les conditions d'élection au premier Conseil d'administration.*

Pour l'élection des membres du premier Conseil d'administration, l'art. 11 (parag. 3 et 5) règle la convocation des électeurs.

En principe, le vote doit avoir lieu par circonscription dans une seule mairie. Civ. min. trav. pub. 30 juin 1894.

Au cas de circonscriptions très étendues comprenant un très grand nombre de membres, il ne paraît pas que la loi ait formellement interdit d'établir pour faciliter le vote, des sections appropriées et définies dont le vote aurait lieu à une mairie indiquée dans l'arrêté de convocation. Le préfet peut recourir à cette solution, mais dans le cas seulement où les circonstances lui paraîtraient la rendre indispensable. (Même circulaire).

Dans ce cas l'arrêté de convocation doit désigner une des sections pour centraliser les votes des autres en vue de la proclamation du résultat général. Cette section n'a en somme à faire que le travail purement matériel de l'addition des résultats des diverses sections sans qu'elle puisse les discuter. Il convient néanmoins qu'elle dresse un procès-verbal de l'opération. (Même circulaire).

Les paragraphes 3 et 9 de l'article 11 donnent au préfet les moyens de faire sortir effet à la convocation au cas où l'exploitant refuserait de donner le concours auquel la loi l'astreint. (Civ. 20 décembre 1894).

Si l'exploitant ne dresse pas et ne fait pas affecter la liste électorale, le maire constate le fait par un procès-verbal en vue de l'application des pénalités du titre 10 de la loi du 21 avril 1810, ainsi que le prévoit l'article 11, parag. 8 de la loi du 29 juin 1894. (Circul. 30 juin 1894).

Le préfet informé du même fait par le maire ordonne ensuite la confection d'office de la liste électorale par un arrêté qui détaille la procédure à suivre d'après les bases suivantes : les maires des communes sur lesquelles porte la circonscription doivent faire afficher et publier à son de caisse l'arrêté préfectoral qui prévient les électeurs de la circonscription qu'ils ont un délai de 8 jours pour provoquer leur inscription sur la liste électorale en faisant par eux mêmes ou par mandataires à la mairie de leur domicile les déclarations et justifications nécessaires. Ces déclarations lorsqu'elles ont paru suffisamment justifiées au maire qui les a reçues sont consignées par lui sur un état donnant par ordre alphabétique les nom, prénoms, date et lieu de naissance de chaque électeur, la nature de son

emploi dans l'exploitation à laquelle se rattache la
société de secours, ainsi que la date depuis laquelle
il travaille dans ladite exploitation. (Même circulaire).

Chaque maire transmettra ses états au maire de
la commune où doivent avoir lieu les élections. La
liste électorale complète est dressée immédiatement
par ce maire ; il l'affiche dans la commune et en
adresse des exemplaires pour être affichés par les
soins de leurs maires dans les autres communes de
la circonscription. Avis de l'affichage est donné à
son de caisse dans les communes (circulaire, 30
juin 1894).

Les listes, ainsi dressées d'office, doivent rester
affichées au moins pendant huit jours avant le vote,
pour que le juge de paix puisse statuer utilement
sur les réclamations. Dans cette hypothèse, le préfet examine s'il n'y aurait pas lieu de renvoyer, par
un nouvel arrêté, à une date ultérieure, la date par
lui primitivement fixée pour l'élection.

La confection de la liste électorale d'office devant
s'effectuer aux frais de l'exploitant (art. 11, avant
dernier paragraphe), chaque maire envoie au préfet
l'état des frais exposés par lui pour cet objet. Le
montant de ces frais, arrêtés par ce fonctionnaire,
est recouvré contre l'exploitant, comme en matière
de contributions directes, sur un rôle que le préfet
rend exécutoire.

Les municipalités désignées doivent fournir, indépendamment de l'urne, le menu matériel dont tout bureau électoral a besoin d'être muni.

L'arrêté de convocation rappelle aux maires qu'ils doivent transmettre immédiatement au préfet les résultats de chaque vote.

Il convient également que l'arrêté signale aux électeurs qu'ils doivent distinguer sur leurs bulletins les membres qu'ils veulent élire comme titulaires de ceux qu'ils entendent désigner comme juges suppléants.

IV. *Règles concernant le local, les formes et les conditions d'élections ultérieures.* — Quant aux opérations électorales subséquentes, la loi dit qu'elles « ont lieu dans le local indiqué, suivant les formes et aux conditions prescrites par les statuts ». Mais un projet voté par la Chambre, le 23 mars 1896, après déclaration d'urgence à la suite de deux propositions, l'une de M. Basly, lue à la séance du 21 décembre 1895, l'autre de M. de Ramel (23 janvier 1896) et sur deux rapports de M. Lacombe (24 déc. 1895 et 6 fév. 1896), tend à compléter l'art. 11 en ces termes : « Ce local ne pourra être autre qu'une mairie. Pour ces opérations, le maire sera tenu de mettre une des salles de la mairie à la disposition de la société. Les statuts peuvent en outre décider que la circonscription sera divisée en sections électorales et fixer le nombre des conseillers à élire pour chacune, ce nombre ne pouvant être, en aucun cas, inférieur à deux conseillers. »

Art. 12. — Le vote a toujours lieu au scrutin de liste, un dimanche. Nul n'est élu au premier tour de scrutin s'il n'a pas obtenu la majorité absolue des suffrages exprimés et un nombre de voix égal au quart du nombre des électeurs inscrits. Au deuxième tour de scrutin auquel il doit être procédé le dimanche suivant, la majorité relative suffit. En cas d'égalité de suffrages, le plus âgé des candidats est élu.

Les membres du Conseil sont élus pour trois ans et renouvelables par tiers chaque année.

Il est pourvu dans les six mois qui suivent la vacance au remplacement des membres décédés, démissionnaires ou déchus des qualités requises pour l'éligibilité. Les nouveaux élus sont nommés pour le temps restant à courir jusqu'au terme assigné aux fonctions de ceux qu'ils remplacent.

I. — *Procès-verbal.*

Le procès-verbal des élections est dressé en la forme ordinaire ; il relate toutes les observations ou réclamations qui ont été présentées au bureau ; il reste déposé à la Mairie pour pouvoir y être consulté en cas de besoin.

II. — *Majorité absolue.*

Le chiffre de la majorité absolue exigée par cet art. 12 doit être déterminé d'une façon absolument certaine, et si la tenue irrégulière d'un procès-verbal ne permet qu'une fixation hypothétique, il y a lieu pour le juge de faire de prononcer la nullité des opérations électorales, alors surtout que dans les circonstances de la cause un écart de quelques voix suffirait pour rendre nécessaire un second tour de scrutin (Req. 18 fév. 1895 aff. Chapron. D. P. 95. 1475 cassant un jugement du juge de paix de Douai (Sud) du 1er déc. 1894.

Art. 13. — Les contestations sur la formation des listes et sur la validité des opérations électorales sont pórtées dans le délai de quinze jours à dater de l'élection devant le juge de paix de la commune où les opérations ont eu lieu. Elles sont introduites par simple déclaration au greffe.

Le juge de paix statue dans les quinze jours de cette déclaration sans frais ni forme de procédure et sur un simple avertissement donné trois jours à l'avance à toutes les parties intéressées.

La décision du juge de paix est en dernier ressort, mais elle peut être déférée à la Cour de cassation.

Le pourvoi n'est recevable que s'il est formé dans les dix jours de la notification de la décision. Il n'est pas suspensif. Il est formé par simple requête déposée au greffe de la justice de paix, dénoncée aux défendeurs dans les dix jours qui suivent. Il est dispensé du ministère d'un avocat à la Cour et jugé d'urgence sans frais ni amende.

Les pièces et mémoires fournis par les parties sont transmis sans frais par le greffier de la justice de paix au greffier de la Cour de cassation. La Chambre des requêtes statue définitivement sur le pourvoi.

Juridiction compétente et procédure. — La détermination du juge de paix compétent serait complétée dans le projet destiné à s'ajouter à l'art. 11 par la disposition suivante : « Si le vote, soit pour la circonscription entière, soit pour une des sections électorales, a eu lieu dans plusieurs mairies, le juge de paix compétent pour connaître des contestations prévues à l'art. 13 est celui de la commune qui lors de la convocation des électeurs, aura dû être désigné pour la réunion des résultats et la proclamation du vote. » C'est d'ailleurs l'interprétation qu'a déjà donnée de l'art. 13, la Cour de cassation (Réq. 2 mars 1896, aff. Reumaux et autres, *Gaz. des Tribunaux* du 3 mars 1896).

Le préfet n'a pas à intervenir dans le contentieux des élections. Il a été attribué par l'art. 13 au juge de paix, qui ne peut être saisi que par les intéressés.

Dans le cas où le juge de paix est amené à annuler les opérations électorales, il doit informer immédiatement de sa décision le préfet du département, afin que de nouvelles élections puissent être provoquées en temps opportun.

Dès que le préfet est informé de l'annulation totale ou partielle des premières opérations électorales, il procède à une nouvelle convocation.

Il convient d'observer, en ce qui concerne la transmission à la Cour de cassation des pièces produites par les parties, les règles tracées en matière d'élections politiques par la circulaire du procureur général près cette Cour, en date du 17 mars 1870.

Est non recevable en matière d'élection au conseil d'administration des caisses de secours et de retraites des ouvriers mineurs, le pourvoi en cassation formé par une déclaration au greffe de la justice de paix, qui ne contient l'indication expresse ou implicite d'aucun moyen de cassation et ne relève la violation d'aucun article de loi, alors, d'ailleurs que cette omission n'est réparée par aucun mémoire ou écrit supplétif.

Le pourvoi en cassation a donné lieu à la question de savoir si la loi par ces mots « il est formé par simple requète déposée au greffe de la justice de paix » admet qu'il puisse être formé par simple déclaration verbale dont le greffier donne acte.

La Cour de cassation (*Req.*, 26 nov., 1894, aff. Ploton, D. P. 95. 1. 99) a implicitement jugé l'affirmative, conformément au rapport de M. le conseiller Ballot-Beaupré et aux conclusions de M. l'avocat général Cruppi, conformément aussi à une jurisprudence établie dans ce sens pour les affaires électorales ordinaires, alors que l'art. 23 du décret du 30 nov. 1875, parle également de « requête ». Mais le même arrêt a décidé que la requète, quelle que

soit sa forme, doit, en cette matière comme dans les
autres, satisfaire au règlement du 28 juin 1738, titre
IV. art. 1er, qui veut qu'elle contienne « les moyens
de cassation ».

On remarquera que « la Chambre des requêtes
statue définitivement sur le pourvoi », c'est-à-dire,
qu'elle est investie pour ces élections spéciales d'attributions semblables à celles qu'exerce la Chambre
civile, soit en matière électorale ordinaire, soit en
matière d'élections consulaires (Rapport précité de
M. Ballot-Beaupré).

Art. 14. — **Les statuts sont dressés par le premier conseil ;
ils sont soumis par l'intermédiaire du préfet à l'approbation
du ministre des travaux publics. Après l'approbation, ils sont
notifiés à l'exploitant.**

La décision du ministre peut être déférée au Conseil d'État au contentieux. Le recours est dispensé
des droits de timbre et d'enregistrement et peut être
formé sans ministère d'avocat.

Toute modification aux statuts comporte une nouvelle approbation ministérielle. Les statuts sont affichés en permanence par les soins de l'exploitant aux
lieux habituels des avis donnés aux ouvriers. Un
exemplaire en est remis par l'exploitant, contre récépissé à chaque ouvrier et employé lors de l'embauchage.

Les premiers conseillers élus par les ouvriers et
employés et ceux désignés par l'exploitant doivent
s'entendre sur le lieu où ils se réuniront et la forme
dans laquelle ils délibéreront pour dresser les statuts. Aucune opération effective de la société de secours ne saurait commencer avant que ces statuts
aient été approuvés (Cir. 30 juin 1894).

Au cas où le préfet constaterait l'impossibilité
pour les conseillers élus d'aboutir à une entente et
à un résultat, il doit examiner s'il n'y aurait pas
lieu de recourir à l'application de l'art. 17 et, le cas
échéant, à soumettre au ministre sur le rapport des
ingénieurs, toutes propositions utiles. (Cir. 30 juin
1894).

Dès que les statuts sont dressés, ils sont transmis
au préfet par l'exploitant auquel d'après l'art. 14
§ 1er notification doit être faite ensuite de la solution
à intervenir. Le préfet envoie au ministre le projet
des statuts avec le rapport des ingénieurs des mines
et son avis personnel. (Circ. 30 juin 1894).

Les intéressés peuvent librement rédiger leurs
statuts sous les seules réserves formulées aux art.
6, 7 et 8 ou aux art. 12 et 13 pour ce qui concerne
les élections. A défaut de précédents tirés de l'expérience d'institutions locales, on peut s'inspirer de
la pratique et des statistiques tant des sociétés
françaises de secours mutuels que des caisses d'as-

surances contre la maladie, qui fonctionnent à l'étranger. (Même circulaire).

En ce qui concerne l'approbation des statuts, l'administration a pour mission essentielle de s'assurer qu'ils sont conformes aux lois et règlements, mais elle devrait aussi refuser d'approuver des statuts où les allocations seraient notoirement en désaccord avec les ressources, sans qu'elle ait toutefois à assumer par avance la responsabilité d'une balance mathématique entre les unes et les autres. (Circ. 30 juin 1894).

Art. 15. — Les sociétés de secours sont tenues de communiquer leurs livres, procès-verbaux et pièces comptables de toute nature au préfet et aux ingénieurs des mines. Cette communication a lieu sans déplacement, sauf dans le cas où il en serait ordonné autrement par arrêté du préfet.

Les sociétés adressent chaque année par l'intermédiaire du préfet au ministre des travaux publics et de l'intérieur et dans les formes déterminées par eux le compte-rendu de leur situation financière et un état des cas de maladie ou de mort éprouvés par les participants dans le cours de l'année.

Devoirs particuliers des ingénieurs. — Les ingénieurs doivent par eux-mêmes inspecter au moins une fois l'an chaque société de secours ; ils rendent compte des résultats de cette inspection dans un procès-verbal de visite spécial, et l'ensemble des faits observé est consigné dans leur rapport annuel. Circ. 30 juin 1894.

Sur la répression d'infractions aux dispositions de l'art. 15. Voir infra. art. 30.

Art. 16. — A la fin de chaque année, le conseil d'administration fixe sur les excédents disponibles les sommes à laisser dans la caisse pour en assurer le service et celles à déposer à la caisse des dépôts et consignations. Ce dépôt devra être effectué par le conseil d'administration dans le délai d'un mois, sous la responsabilité solidaire de ses membres, sans préjudice, le cas échéant, de l'application de l'art. 408 du Code pénal.

Les administrateurs qui auraient effectué ou laissé effectuer un emploi de fonds non autorisé par les statuts encourent la même responsabilité et les mêmes pénalités.

Le total de la réserve ne pourra dépasser le double des recettes de l'année.

Constitution, placement, et maximum d'un fonds de réserve. Cet article règle la constitution, le placement et le maximum du fonds de réserve. Par réserve, on entend le total des sommes conservées en caisse pour assurer le service courant et des sommes déposées à la caisse des dépôts et consignations.

Quand la réserve a atteint le maximum légal, le conseil d'administration doit décider soit la diminution ou le remboursement partiel des cotisations, soit l'augmentation des secours (Rapport de M. Cuvinot au Sénat).

Art. 17. — Dans le cas d'inexécution des statuts ou de violation des dispositions de la présente loi, la dissolution du Conseil d'administration peut être prononcée par le ministre des travaux publics après avis du Conseil général des Mines, sans préjudice de la responsabilité civile ou pénale encourue par les administrateurs.

Les électeurs devront être réunis pour procéder à la nomination du nouveau Conseil, au plus tard dans un délai de deux mois. Dans l'intervalle la caisse sera gérée par un délégué du préfet.

Responsabilité civile des administrateurs. Si les fonctions sont gratuites, il en résulte, les caisses n'étant pas d'ailleurs des établissements de commerce, que les fonctions d'administrateurs ne donnent lieu à aucune responsabilité, à moins toutefois que les administrateurs n'aient excédé leur mandat ou commis une de ces fautes lourdes qui sont assimilées au dol. Il en serait ainsi notamment s'ils avaient employé abusivement les fonds de la caisse à des opérations commerciales. Les tribunaux apprécient souverainement si l'administration a commis une faute engageant sa responsabilité.

Art. 18. — Les sociétés de secours actuellement existantes et dont les statuts sont régulièrement approuvés par l'autorité administrative conserveront leur organisation et leur mode de fonctionnement pour ce qui touche l'organisation du présent titre, sauf dans le cas où leur transformation serait reconnue nécessaire par le ministre des travaux publics sur l'avis du Conseil général des mines.

Elles jouiront d'ailleurs des recettes prévues par l'art. 6 qui
précède.

Des sociétés déjà régulièrement constituées. L'art. 9 de
la loi donne au ministre des travaux publics le droit
de fixer les circonscriptions des sociétés de secours.
Dans un certain nombre d'exploitations, des sociétés
de cette nature ont été régulièrement instituées et
fonctionnent à la satisfaction de tous. Il conviendra
de n'y toucher que si la nécessité en est reconnue.

Art. 19. — **Les statuts pourront décider que le service des
secours sera confié à une compagnie d'assurances.**

Diverses exploitations qui occupent un petit nombre d'ouvriers avaient recours à des compagnies
d'assurances pour le services des secours. Cette pratique avait des avantages, et elle a été maintenue.
(Rapport de M. Cuvinot au Sénat).

Art. 20. — **Les sociétés régulièrement constituées en conformité des articles qui précèdent bénéficieront des dispositions des lois sur les sociétés de secours mutuels et seront soumises aux obligations découlant de ces lois.**

Titre IV.

Dispositions transitoires et règlementaires.

Art. 21. — Les pensions déjà acquises à un titre quelconque, dont le service incombe à l'exploitant seront fournies comme précédemment suivant les règlements particuliers de l'entreprise.

Art. 22. — Le montant des pensions en cours d'acquisition dont le service incombe à l'exploitant sera calculé par application des règlements ou des usages en vertu desquels ces pensions étaient précédemment accordées.

Si la rente acquise à raison des versements effectués en exécution de l'art. 2 est inférieure au montant de la pension calculée comme il vient d'être dit, la différence restera à la charge de l'exploitant.

Il pourra être dérogé aux dispositions des deux paragraphes qui précèdent par des conventions librement intervenues entre les exploitants et leurs ouvriers ou employés.

Art. 23. — A partir de la mise en application de la présente loi, les caisses de prévoyance précédemment organisées avec le concours des ouvriers ou employés en vue d'assurer des secours et de constituer des rentes temporaires, des pensions de retraite d'âge, d'invalidité ou d'accidents, fonctionneront exclusivement pour l'exécution des engagements antérieurement contractés par lesdites caisses en ce qui concerne tant les pensions acquises à un titre quelconque, que les pensions de retraite en cours d'acquisition. Toutefois dans le premier mois, les caisses assureront les secours et les soins aux malades en traitement.

Art. 24. — Les intéressés seront appelés à se prononcer dans un délai maximum de six mois sur les mesures à prendre à raison des engagements précités et sur le mode de réalisation des mesures nécessaires.

A défaut d'entente entre les exploitants d'une part et la majorité des ouvriers et employés d'autre part, les deux parties pourront décider que le règlement des mesures à prendre et la fixation des versements à opérer seront confiés à la commission arbitrale instituée par l'art. 26 ci-après.

Si les exploitants et la majorité des ouvriers et employés ne peuvent se mettre d'accord dans le délai de six mois sus-indiqué ni sur les mesures à adopter, ni sur le recours à la commission arbitrale, les tribunaux nommeront à la requête de la partie la plus diligente un liquidateur chargé d'assurer au mieux des intérêts en présence la liquidation de la caisse de prévoyance.

Le rapport du liquidateur sera soumis à l'homologation du tribunal.

Art. 25. — Tout ouvrier ou employé au profit duquel une pension de retraite d'âge ou d'invalidité est actuellement en cours d'acquisition sera dispensé de la retenue prescrite par l'art. 2, s'il déclare devant le maire de la commune de sa résidence qu'il entend renoncer au bénéfice de cet article.

Il lui sera délivré récépissé de cette déclaration.

Dans ce cas et pendant toute la durée de la renonciation, l'exploitant sera également dispensé du versement qui lui incombe aux termes du même article 2.

Art. 26. — La commission arbitrale prévue par l'art. 24 sera composée de sept membres permanents, nommés deux par le conseil général des mines, deux par la commission supérieure de la caisse nationale des retraites pour la vieillesse, deux par la Cour d'appel de Paris parmi les conseillers de la Cour, un par la Cour des comptes parmi les conseillers de la Cour.

La commission élira son président et son secrétaire ; elle siégera au ministère des travaux publics ; ses fonctions seront gratuites.

Le nombre des membres de la commission arbitrale sera porté à neuf par l'adjonction dans chaque affaire de deux membres désignés l'un par les exploitants, l'autre par la majorité des ouvriers et employés.

La procédure se fera sans frais d'aucune sorte : tous actes, documents et pièces quelconques à produire seront dispensés du timbre et enregistrés gratis.

Art. 27. — Pour les différends qui naîtraient de l'exécution de la présente loi et qui seraient déférés aux tribunaux civils, il sera statué comme en matière sommaire et jugé d'urgence.

Les intéressés bénéficieront de l'assistance judiciaire.

Tous actes, documents et pièces quelconques à produire seront dispensés du timbre et enregistrés gratis.

Les intéressés agissant en nom collectif seront représentés par un mandataire nommé par eux à la majorité des voix, sans préjudice, pour chacun d'eux, du droit d'intervention individuelle.

Art. 28. — Le capital constitutif des rentes incombant soit aux exploitants, soit aux caisses de prévoyance pourra être dé posé en totalité ou par annuités successives à la caisse nationale des retraites pour la vieillesse, qui devra en ce cas, inscrire les rentes au livret individuel de chaque ayant droit et en effectuer le paiement à partir de l'âge indiqué pour l'entrée en jouissance.

Art. 29. — Un règlement d'administration publique déterminera : la procédure à suivre pour l'introduction, l'instruction et la solution des affaires soumises à la commission arbitrale, le nombre, le mode de nomination et les attributions des auxiliaires de l'instruction ; le mode de nomination du mandataire prévu par l'art. 27 et d'une manière générale les mesures nécessaires à l'application de la présente loi.

Art. 30. — Les infractions aux dispositions de l'art. 5, paragraphe 2 et des art. 15 et 23 seront punis d'une amende de 16 à 200 francs.

En cas de mauvaise foi, le chiffre de l'amende pourra être porté à 500 francs.

Les infractions pourront être constatées, concurremment avec les officiers de police judiciaire, par les ingénieurs et les contrôleurs des mines.

Art. 31. — Les exploitations de minières et carrières souterraines ou à ciel ouvert pourront être assimilées aux exploitations des mines pour l'application de la présente loi, en vertu de décrets rendus en conseil d'Etat sur la proposition du ministre des travaux publics.

CHAPITRE IV.

Conclusion.

I.

Effets probables de la loi du 29 juin 1894.

Effets sur les rapports entre ouvriers et patrons dans les mines. Cette loi est trop récente pour avoir déjà donné des résultats, qui nous permettent de l'apprécier à sa juste valeur. Du moins, pouvons-nous croire à la réalisation des espérances qu'on a fondées sur elle : elle apportera à l'ouvrier la sécurité dans l'avenir, et amènera rapidement ainsi la pacification sociale dans les pays miniers.

Cette pacification pourrait cependant être retardée, si l'exploitant cherchait, par un moyen bien facile à trouver, à échapper aux prescriptions de loi. La loi de 1894 lui impose un versement à la caisse des retraites et un autre à la caisse des secours des mineurs : c'est à la condition de les effectuer réellement, qu'il étouffera bien vite les germes de révolte qui existent dans son personnel. Or, il peut se soustraire à ces versements, puisqu'aucune de nos dispositions législatives n'a encore établi des salaires minima ; l'élévation et l'abaissement de la rémunération du travail dépendent d'une infinité d'éléments, dont la volonté de l'entrepreneur n'est pas la moindre, surtout là où la concurrence ne s'exerce pas pleinement, comme dans l'industrie des mines qui, concentrée dans un nombre relativement restreint de mains, est comme monopolisée en fait. L'exploitant voudra-t-il concourir effectivement à l'alimentation des caisses de prévoyance de ses ouvriers ? Nous pensons que oui. Parce que les mineurs forment des groupes compacts, qui, armés des droits de coalition et d'association peuvent, sinon dicter leur volonté aux compagnies, du moins les amener à composition : parce que, aussi, la charité se répand de plus en plus avec l'instruction dans les classes dirigeantes ; parce qu'enfin et surtout la loi nouvelle n'a fait que sanctionnner pour l'industrie des mines un état de choses existant.

La loi viendrait-elle, même, à être contournée par l'exploitant, et les mineurs seraient-ils ainsi obligés en fait de prendre à leur charge exclusive l'alimentation de leurs caisses, nous estimons encore que l'amélioration sociale espérée n'en serait pas moins certaine.

Sans doute, une telle manœuvre de la part du
patron aviverait la haine des ouvriers contre lui et
provoquerait des désordres dans les centres miniers;
mais ces troubles ne seraient que momentanés, les
premiers effets de l'assurance obligatoire les dissi-
peraient vite.

Car ce n'est pas ce que la richesse comporte souvent de puissance tyrannique et de vanité insolente,
qui révolte les humbles : nous naissons inégaux en
beauté, en force, en intelligence, et soit par instinct,
soit par atavisme, la multitude s'incline sans mur-
mure, avec amour même devant la beauté, devant
la force, devant l'intelligence. Elle accepte pai-
siblement aussi, et peut-être comme une conséquence de cette inégalité de nature dont elle a
conscience, l'inégale répartition des richesses avec
tous ses effets, pourvu toutefois qu'il lui reste la
quasi certitude de ne jamais connaître les affres de
la faim.

On a l'habitude de représenter les hommes avec
des aspirations de plus en plus ardentes vers l'institution d'un régime égalitaire. On a, en cela, d'a-
près nous, le tort d'oublier que l'égalité n'est qu'une
abstraction, quelque chose de métaphysique, qui
peut passionner un philosophe dans la défense ou
l'attaque d'un système dont il serait une des pré-
misses, mais que le manouvrier n'a pas même

conçu (1). Et il ne l'a pas conçu, précisément parce qu'il est plus proche que tous autres, lui, de cet état primitif où l'inégalité est la règle, instinctivement obéie, tant qu'elle ne gêne pas la satisfaction d'un instincts plus supérieur. Il y a peut-être au fond de chaque homme un esclave, mais un esclave jouisseur. Le pain et les jeux du cirque firent facilement supporter à Rome le plus rigoureux despotisme. Tant il est vrai, que nous sommes dupes de nous-mêmes et que nous dupons les autres lorsque, dans la béatitude de notre pleine sécurité dans l'avenir, nous nous réclamons au nom de tous des platoniques conquêtes de la Révolution.

Qu'on donne donc aux ouvriers le moyen de s'assurer l'existence matérielle et disparaîtra pour longtemps ce mal, que des apparences trompeuses font attribuer à la division indestructible, parce que naturelle, de la société en classes.

De l'extension de la loi de 1894 à toutes les indus-

1· Nous restons persuadé que la Révolution française. qui fut l'œuvre de quelques-uns seulement, n'eût jamais reçu l'approbation du peuple, s'il n'avait vu en elle un moyen propre à le délivrer de la misère où le maintenaient depuis plus d'un siècle les exactions excessives et constantes d'un pouvoir, d'ailleurs oppresseur et démuni de tout prestige. Le nivellement des conditions n'est généralement réclamé qu'avec l'arrière-pensée d'en émerger ; l'égalité, en un mot et sous une forme paradoxale, n'est demandée qu'au nom de l'inégalité.

tries. — La loi du 29 juin 1894 est une loi expérimentale, non une loi d'exception et on a proposé récemment au Sénat d'en étendre l'application à toutes les industries.

Cette généralisation est, selon nous, fort souhaitable, mais elle serait fort difficile. « Comment, dit M. H. Maze, mettre un pareil système en pratique ? Comment saisir le salaire partout où il se trouve ? Comment le surveiller, le suivre, l'atteindre, dans ses diverses fluctuations, s'arrêter dès qu'il disparaît, le surprendre à son retour ? En admettant que cette surveillance soit possible dans un atelier, dans une une usine, dans une manufacture, comment l'exercer vis-à-vis de l'ouvrier en chambre ou de l'ouvrier nomade qui ne travaille que par intervalle, tantôt dans un lieu, tantôt dans un autre ? N'y a-t-il pas là une source de difficultés insurmontables ? ».

Nous ne croyons pas cependant que ces difficultés doivent empêcher le législateur de prononcer la généralisation de la prévoyance obligatoire. Sans doute, beaucoup d'ouvriers, surtout les nomades, beaucoup de patrons, principalement les petits, réussiront à éluder la loi. La bienfaisante impulsion de celle-ci produira néanmoins un peu partout des fruits, qui pourront obliger les réfractaires à se raviser.

Car la possibilité pour l'ouvrier d'assurer son avenir n'aurait pas seulement pour effet d'apaiser

sa haine contre le patronnat, elle aurait encore pour
résultat un accroissement de sa productivité. Partout, en effet, où l'ouvrier est affranchi du souci du
lendemain, comme surtout en Amérique où la politique des hauts salaires lui permet d'épargner assez
pour ses vieux jours, nous voyons sa productivité
augmenter, et cela simplement parce que le douloureux problème de l'existence pour lui ou pour les
siens n'absorbant plus son esprit, il consacre toute
son activité à sa tâche. Or, comme il acquiert ainsi
plus d'habileté et plus de vitesse, il ajoute à l'utilité de son travail, de laquelle dépend son salaire,
toutes choses restant égales d'ailleurs. La prévoyance
obligatoire pour tous pourrait donc avoir la merveilleuse conséquence de concilier les intérêts des
ouvriers et du patron, conséquence qui viendrait
encore justifier la mesure et en serait en tout cas
la meilleure sanction.

II

Des principes de la Révolution et de la loi du 29 juin 1894.

On a dit que l'obligation imposée à l'ouvrier
d'épargner sur son salaire était directement contraire
aux principes de la Révolution.

On ne pense plus sérieusement aujourd'hui que ces fameux principes doivent être la base première de toutes les institutions futures. Quoiqu'il y ait encore beaucoup de formalistes en France, l'exégèse y a fait de grands progrès : on observe, on analyse de plus en plus dans notre pays, on y est de moins en moins prime-sautier. On y a déjà fait justice de l'œuvre de Rousseau, de ce monument qui a, il est vrai, inspiré tant d'idées généreuses, mais qui a aussi causé tant de déceptions et fait couler tant de sang !

De plus en plus, la France se débarrasse de ce fanatisme qui lui a valu la réputation universelle de nation chevaleresque pour descendre à l'examen terre-à-terre des faits brutaux. C'est ainsi que les esprits réfléchis, qui ont le courage de leur opinion, y condamnent la méthode suivie par le législateur de 1789 : la déclaration des droits de l'homme et du citoyen ne devait profiter qu'à ceux qui, avides de gouverner, étaient tenus à l'écart du pouvoir par le farouche absolutisme de la monarchie ; et la proclamation de la liberté et de l'égalité, même avec le sens de relativité qu'il faut attacher à ces mots pour ne pas côtoyer l'absurde, ne fut qu'un leurre pour la multitude : parce que la diminution de la servitude et de l'inégalité naturelles est impossible dans un Etat, tant que l'abondance y subsiste à côté de l'extrême disette, tant que le pauvre y reste à la merci du riche.

Si donc la loi de 1894 a pour effet d'empêcher les mineurs de tendre la main au passant dans leur maladie ou leur vieillesse, n'est-elle pas un moyen, en sauvegardant leur indépendance dans l'avenir, de les fortifier dans le présent même, et ne peut-on pas la considérer plutôt comme le corollaire nécessaire de ces principes auquel on la dit être directement contraire ?

La loi du 29 juin 1894 facilite l'existence de ceux auxquels elle s'applique, elle ne supprime pas la responsabilité individuelle, ni l'initiative qui en découle, et nous ne pouvons que l'approuver.

III

N'y a-t-il pas dans la loi de 1894 une grosse lacune ?

La loi du 29 juin 1894 réserve ses bénéfices aux seuls ouvriers et employés des mines. Elle n'a pas prévu le cas où un exploitant ou bien un sociétaire de la Compagnie, qui aura versé dix, vingt, mille fois plus aux caisses qu'un ouvrier, viendrait à être frappé subitement d'un revers de fortune et dépourvu du jour au lendemain de toutes ressources.

On peut objecter que la loi statue sur le « *de ple-*

rumque fit » et qu'elle n'a pas à se préoccuper des cas exceptionnels.

Sans doute, en effet, il arrivera rarement (1) qu'un actionnaire d'une compagnie minière tombera soudainement dans la détresse. Nous voyons cependant, ailleurs de grosses fortunes s'effondrer dans des entreprises mal conduites ou mal conçues. Or, puisque la loi de 1894 n'est pas une loi d'exception, qu'elle n'est pas destinée à s'appliquer à la seule industrie des mines, elle aurait dû, en raison de cette si grande mobilité de la richesse, songer aux nombreux patrons qui perdent avec leurs biens souvent leur honneur et qui, si la loi de 1894 était étendue purement et simplement à toutes les industries, n'auraient pas le droit de réclamer le moindre secours aux caisses qu'ils auraient cependant alimentées pour moitié avec leurs ouvriers. Le législateur de 1894 semble ainsi avoir admis que la fortune reste immobilisée dans les mêmes mains et que les individus sont définitivement divisés en classes sans que le passage de l'une à l'autre en soit possible. Nous espérons qu'en généralisant la prévoyance obligatoire, on comblera cette regrettable lacune. Mais jusqu'à ce qu'on l'ait comblée, nous sommes fondé à nier tout droit au capital de participer aux pensions des caisses créées

1. Pourtant le krach de la Compagnie des Terres-Noires et de Bessèges est encore dans toutes les mémoires.

par la loi de 1894. Si donc, un ouvrier mineur acquérait, par extraordinaire, une action d'une compagnie minière, il ne pourrait pas, pour grossir sa pension, demander l'inscription à son nom et sur livret individuel des sommes pour lesquelles il concourrait à l'alimentation de la caisse des retraites en sa qualité de membre de la société d'exploitation, il ne pourrait pas individuellement, immédiatement et directement profiter en tant que membre du travail de sa qualité de capitaliste.

Vu :
Le Président de la thèse,
BEAUREGARD

Vu.
Le Doyen,
GARSONNET.

VU ET PERMIS D'IMPRIMER :
Le Vice-Recteur de l'Académie de Paris,
GRÉARD.

APPENDICE

LOI DU 29 JUIN 1894

TITRE Ier

Dispositions générales.

Art. 1. — Dans le délai de six mois à partir de la promulgation la présente loi, les exploitants des mines et les ouvriers et les employés de ces exploitations seront soumis aux obligations et jouiront des avantages édictés par les titres II et III ci-après, pour ce qui touche l'organisation et le fonctionnement des caisses de retraites et des caisses de secours.

Les employés et ouvriers dont les appointements dépassent 2.400 francs ne bénéficient que jusqu'à concurrence de cette somme des dispositions de la présente loi.

TITRE II

Des pensions de retraite.

Art. 2. — L'exploitant versera chaque mois, soit à la caisse nationale des retraites pour la vieillesse, soit dans une des caisses prévues à l'art. 4 pour la formation du capital constitutif des pensions de retraite, une somme égale à 4 pour 100 du salaire des ouvriers ou employés, dont moitié à prélever sur le salaire et moitié à fournir par l'exploitant lui-même.

Les versements pourront être augmentés par l'accord des deux parties intéressées. Ces versements seront inscrits sur un livret individuel au nom de chaque ouvrier ou employé. Ils seront faits à capital aliéné. Toutefois si le titulaire du livret le demande, le versement de la part prélevée sur son salaire sera fait à capital réservé.

L'exploitant pourra prendre à sa charge une fraction supérieure à la moitié du versement ou sa totalité.

Art. 3. — Les pensions sont acquises et liquidées dans les conditions prévues à la loi du 20 juillet 1886 sur la caisse nationale des retraites pour la vieillesse.

L'entrée en jouissance est fixée à cinquante-cinq ans : elle pourra être différée sur la demande de l'ayant droit, mais les versements cesseront à partir de cet âge d'être obligatoires.

Art. 4. — Les exploitants des mines pourront obtenir l'autorisation de créer des caisses syndicales ou patronales de retraite pour les ouvriers ou employés dans leurs exploitations.

L'autorisation sera donnée par décret rendu dans la forme des règlements d'administration publique. Le décret fixera les limites du district, les conditions du fonctionnement de la caisse et son mode de liquidation. Il prescrira également les mesures à prendre pour assurer le transfert soit à une autre caisse syndicale ou patronale, soit à la caisse nationale des retraites pour la vieillesse, des sommes inscrites au livret de chaque intéressé.

Les fonds versés par les exploitants dans la caisse syndicale ou patronale devront être employés en rentes sur l'Etat, en valeurs du trésor ou garanties par le trésor, en obligations départementales ou communales ; les titres seront nominatifs.

La gestion des caisses syndicales ou patronales sera soumise à la vérification de l'inspection des finances et au contrôle du receveur particulier de l'arrondissement du siège de la caisse.

Art. 5. — Si des conventions spéciales interviennent entre les exploitants et leurs ouvriers ou employés dans le but d'assurer à ceux-ci, à leurs veuves ou à leurs enfants, soit un supplément de rente viagère, soit des rentes temporaires ou des indemnités déterminées d'avance, le capital formant la garantie des engagements résultant desdites conventions devra être versé ou représenté à la caisse des dépôts et consignations ou dans les caisses à créer en vertu de l'art. 4.

Les exploitants adresseront chaque année par l'intermédiaire du préfet au ministre des travaux publics et dans les formes déterminées par lui le compte rendu des mesures prises en exécution du précédent paragraphe.

TITRE III

Des sociétés de secours.

Art 6. — La caisse de chaque société de secours sera alimentée par : 1° Un prélèvement sur le salaire de chaque ouvrier ou employé dont le montant sera fixé par le conseil d'administration de la Société sans pouvoir dépasser 2 pour 100 du salaire ; 2° un versement de l'exploitant égal à la moitié de celui des ouvriers ou employés ; 3° les sommes allouées par l'Etat sur les fonds de subventions aux sociétés de secours mutuels ; 4° les dons et legs ; 5° le produit des amendes encourues pour infraction aux statuts et de celles infligées aux membres participants par application du règlement intérieur de l'entreprise.

Art. 7. — Les statuts des sociétés de secours doivent fixer : 1° la nature et la quotité des secours et des soins à donner aux membres participants, que la maladie ou des infirmités empêcheraient de travailler ; 2° en cas de décès des membres participants, la nature et la quotité des subventions à allouer à leurs familles ou ayants droit.

Les statuts peuvent autoriser l'allocation des secours en argent et des soins médicaux et pharmaceutiques aux femmes et enfants des membres participants et à leurs ascendants. Ils peuvent aussi prévoir des secours journaliers en faveur des femmes et des enfants des réservistes de l'armée active et des hommes de l'armée territoriale appelés à rejoindre leur corps, enfin des allocations exceptionnelles et renouvelables en faveur des veuves ou orphelins d'ouvriers ou employés décédés après avoir participé à la société de secours.

Art. 8. — En cas de maladie entraînant une incapacité de travail de plus de quatre jours, avec suppression de salaire, la caisse de la société de secours versera, à la fin de chaque semestre, au compte individuel du sociétaire participant à une caisse de retraites une somme au moins égale à 5 p. 100 de l'indemnité de maladie prévue par les statuts.

L'obligation de ce versement cessera avec l'indemnité elle-même.

Art. 9. — A défaut d'accord entre les intéressés, la circonscription de chaque société de secours sera fixée par un décret rendu en conseil d'Etat.

Une même exploitation pourra être établie pour les concessions ou exploitations voisines, appartenant soit à un seul exploitant soit à plusieurs concessionnaires.

Les industries annexes des exploitations des mines pourront à la demande des parties intéressées et sous l'autorisation du ministère des travaux publics être agrégées aux circonscriptions des sociétés de secours des mines.

Art. 10. — La société est administrée par un conseil composé de neuf membres au moins.

Un tiers des membres est désigné par l'exploitant les deux autres tiers sont élus par les ouvriers ou employés parmi les membres participants dans les conditions indiquées aux articles suivants. Il sera procédé en même temps, dans les mêmes conditions, à la nomination de trois membres suppléants destinés à remplacer, en cas d'absence ou de vacance, les membres titulaires.

Si l'exploitant renonce, au moment d'une élection à faire usage en tout ou en partie de la faculté qui lui est réservée par le précédent paragraphe, les membres du conseil non désignés par l'exploitant sont élus par les ouvriers et employés.

Les décisions prises par le conseil ne sont valables que si plus des deux tiers des suffrages ont été exprimés ; néanmoins, après une seconde convocation faite dans la forme ordinaire, les décisions sont prises à la majorité, quel que soit le nombre des suffrages exprimés.

Le conseil nomme parmi ses membres, un président, un secrétaire et un trésorier.

Art. 11. — Sont électeurs tous les ouvriers et employés, du
fond et du jour, Français, jouissant de leurs droits politiques,
inscrits sur la feuille de la dernière paye.

Sont éligibles, à la condition de savoir lire et écrire et, en
outre. de n'avoir jamais encouru de condamnation aux termes
des dispositions soit de la présente loi. soit de la loi du
21 avril 1810 et du 2 janvier 1813, soit des art. 414 et 415 du
Code Pénal, les électeurs âgés de vingt-cinq ans accomplis occupés depuis plus de cinq ans dans l'exploitation à laquelle
se rattache la société de secours. Toutefois dans les cinq
premières années de l'exploitation, le nombre des années de
service exigées sera réduit à la durée de l'exploitation elle-
même.

Les électeurs sont convoqués pour la première fois par un
arrêté du préfet, qui fixe la date de l'élection ainsi que les
heures d'ouverture et de fermeture du scrutin.

Le vote a lieu à la mairie de la commune désignée dans
l'arrêté de convocation parmi celles sur le territoire desquelles
s'étend la circonscription. Le bureau électoral est présidé par
le Maire.

L'arrêté est publié et affiché dans les communes intéressées quinze jours au moins avant l'élection. Il est notifié à
l'exploitant.

Dans les huit jours qui suivent cette modification, les listes
électorales de la circonscription sont affichées, à la diligence
de l'exploitant, aux lieux habituels pour les avis donnés aux
ouvriers.

Un double de ces listes est, par les soins de l'exploitant, remis au maire qui est chargé de présider le bureau.

Sera puni des peines prévues aux articles 93 et suivants de
la loi du 21 avril 1810 l'exploitant qui refuserait ou négligerait de se conformer aux prescriptions qui précèdent.

Le préfet peut, en outre, faire dresser et afficher les listes
électorales aux frais de l'exploitant ; les frais rendus exécutoires par le préfet seront recouvrés comme en matière de contributions publiques.

Les opérations électorales subséquentes ont lieu dans le
local indiqué suivant les formes et aux conditions prescrites
par les statuts.

Art. 12. — Le vote a toujours lieu au scrutin de liste, un
dimanche. Nul n'est élu au premier tour de scrutin s'il n'a pas
obtenu la majorité absolue des suffrages exprimés et un
nombre de voix égal au quart du nombre des électeurs inscrits.
Au deuxième tour de scrutin auquel il doit être procédé le
dimanche suivant, la majorité relative suffit. En cas d'égalité
de suffrages, le plus âgé des candidats est élu.

Les membres du Conseil sont élus pour trois ans et renouvelables par tiers chaque année.

Il est pourvu dans les six mois qui suivent la vacance au
remplacement des membres décédés, démissionnaires ou déchus des qualités requises pour l'éligibilité. Les nouveaux
élus sont nommés pour le temps restant à courir jusqu'au
termeassigné aux fonctions de ceux qu'ils remplacent.

Art. 13. — Les contestations sur la formation des listes et sur la validité des opérations électorales sont portées dans le délai de quinze jours à dater de l'élection devant le juge de paix de la commune où les opérations ont eu lieu. Elles sont introduites par simple déclaration au greffe.

Le juge de paix statue dans les quinze jours de cette déclaration sans frais ni forme de procédure et sur un simple avertissement donné trois jours à l'avance à toutes les parties intéressées.

La décision du juge de paix est en dernier ressort, mais elle peut être déférée à la Cour de cassation.

Le pourvoi n'est recevable que s'il est formé dans les dix jours de la notification de la décision. Il n'est pas suspensif. Il est formé par simple requête déposée au greffe de la justice de paix, dénoncée aux défendeurs dans les dix jours qui suivent. Il est dispensé du ministère d'un avocat à la Cour et jugé d'urgence sans frais ni amende.

Les pièces et mémoires fournis par les parties sont transmis sans frais par le greffier de la justice de paix au greffier de la Cour de cassation. La Chambre des requêtes statue définitivement sur le pourvoi.

Art. 14. — Les statuts sont dressés par le premier conseil ; ils sont soumis par l'intermédiaire du préfet à l'approbation du ministre des travaux publics. Après l'approbation, ils sont notifiés à l'exploitant.

Art. 15. — Les sociétés de secours sont tenues de communiquer leurs livres, procès-verbaux et pièces comptables de toute nature au préfet et aux ingénieurs des mines. Cette communication a lieu sans déplacement, sauf dans le cas où il en serait ordonné autrement par arrêté du préfet.

Les sociétés adressent chaque année par l'intermédiaire du préfet au ministre des travaux publics et de l'intérieur et dans les formes déterminées par eux le compte-rendu de leur situation financière et un état des cas de maladie ou de mort éprouvés par les participants dans le cours de l'année.

Art. 16. — A la fin de chaque année, le conseil d'administration fixe sur les excédents disponibles les sommes à laisser dans la caisse pour en assurer le service et celles à déposer à la caisse des dépôts et consignations. Ce dépôt devra être effectué par le conseil d'administration dans le délai d'un mois, sous la responsabilité solidaire de ses membres, sans préjudice, le cas échéant, de l'application de l'art. 408 du Code pénal.

Les administrateurs qui auraient effectué ou laissé effectuer un emploi de fonds non autorisé par les statuts encourent la même responsabilité et les mêmes pénalités.

Le total de la réserve ne pourra dépasser le double des recettes de l'année.

Art. 17. — Dans le cas d'inexécution des statuts ou de violation des dispositions de la présente loi, la dissolution du Conseil d'administration peut être prononcée par le ministre des travaux publics après avis du Conseil général des Mines, sans préjudice de la responsabilité civile ou pénale encourue par les administrateurs.

Les électeurs devront être réunis pour procéder à la nomination du nouveau Conseil, au plus tard dans un délai de deux mois. Dans l'intervalle la caisse sera gérée par un délégué du préfet.

Art. 18. — Les sociétés de secours actuellement existantes et dont les statuts sont régulièrement approuvés par l'autorité administrative conserveront leur organisation et leur mode de fonctionnement pour ce qui touche l'organisation du présent titre, sauf dans le cas où leur transformation serait reconnue nécessaire par le ministre des travaux publics sur l'avis du Conseil général des mines.

Elles jouiront d'ailleurs des recettes prévues par l'art. 6 qui précède.

Art. 19. — Les statuts pourront décider que le service des secours sera confié à une compagnie d'assurances.

Art. 20. — Les sociétés régulièrement constituées en conformité des articles qui précèdent bénéficieront des dispositions des lois sur les sociétés de secours mutuels et seront soumises aux obligations découlant de ces lois.

TITRE IV.

Dispositions transitoires et règlementaires.

Art. 21. — Les pensions déjà acquises à un titre quelconque, dont le service incombe à l'exploitant seront fournies comme précédemment suivant les règlements particuliers de l'entreprise.

Art. 22. — Le montant des pensions en cours d'acquisition dont le service incombe à l'exploitant sera calculé par application des règlements ou des usages en vertu desquels ces pensions étaient précédemment accordées.

Si la rente acquise à raison des versements effectués en exécution de l'art. 2 est inférieure au montant de la pension calculée comme il vient d'être dit, la différence restera à la charge de l'exploitant.

Il pourra être dérogé aux dispositions des deux paragraphes qui précèdent par des conventions librement intervenues entre les exploitants et leurs ouvriers ou employés.

Art. 23. — A partir de la mise en application de la présente loi, les caisses de prévoyance précédemment organisées avec le concours des ouvriers ou employés en vue d'assurer des secours et de constituer des rentes temporaires, des pensions de retraite d'âge, d'invalidité ou d'accidents, fonctionneront exclusivement pour l'exécution des engagements antérieurement contractés par lesdites caisses en ce qui concerne tant les pensions acquises à un titre quelconque, que les pensions de retraite en cours d'acquisition. Toutefois dans le premier mois, les caisses assureront les secours et les soins aux malades en traitement.

Art. 24. — Les intéressés seront appelés à se prononcer dans un délai maximum de six mois sur les mesures à prendre à raison des engagements précités et sur le mode de réalisation des mesures nécessaires.

A défaut d'entente entre les exploitants d'une part et la majorité des ouvriers et employés d'autre part, les deux parties pourront décider que le règlement des mesures à prendre et la fixation des versements à opérer seront confiés à la commission arbitrale instituée par l'art. 26 ci-après.

Si les exploitants et la majorité des ouvriers et employés ne peuvent se mettre d'accord dans le délai de six mois sus-indiqué ni sur les mesures à adopter, ni sur le recours à la commission arbitrale, les tribunaux nommeront à la requête de la partie la plus diligente un liquidateur chargé d'assurer au mieux des intérêts en présence la liquidation de la caisse de prévoyance.

Le rapport du liquidateur sera soumis à l'homologation du tribunal.

Art. 25. — Tout ouvrier ou employé au profit duquel une pension de retraite d'âge ou d'invalidité est actuellement en cours d'acquisition sera dispensé de la retenue prescrite par l'art. 2, s'il déclare devant le maire de la commune de sa résidence qu'il entend renoncer au bénéfice de cet article.

Il lui sera délivré récépissé de cette déclaration.

Dans ce cas et pendant toute la durée de la renonciation, l'exploitant sera également dispensé du versement qui lui incombe aux termes du même article 2.

Art. 26. — La commission arbitrale prévue par l'art. 24 sera composée de sept membres permanents, nommés deux par le conseil général des mines, deux par la commission supérieure de la caisse nationale des retraites pour la vieillesse, deux par la Cour d'appel de Paris parmi les conseillers de la Cour, un par la Cour des comptes parmi les conseillers de la Cour.

La commission élira son président et son secrétaire ; elle siégera au ministère des travaux publics ; ses fonctions seront gratuites.

Le nombre des membres de la commission arbitrale sera porté à neuf par l'adjonction dans chaque affaire de deux membres désignés l'un par les exploitants, l'autre par la majorité des ouvriers et employés.

La procédure se fera sans frais d'aucune sorte : tous actes, documents et pièces quelconques à produire seront dispensés du timbre et enregistrés gratis.

Art. 27. — Pour les différends qui naîtraient de l'exécution de la présente loi et qui seraient déférés aux tribunaux civils, il sera statué comme en matière sommaire et jugé d'urgence.

Les intéressés bénéficieront de l'assistance judiciaire.

Tous actes, documents et pièces quelconques à produire seront dispensés du timbre et enregistrés gratis.

Les intéressés agissant en nom collectif seront représentés par un mandataire nommé par eux à la majorité des voix, sans préjudice, pour chacun d'eux, du droit d'intervention individuelle.

Art. 28. — Le capital constitutif des rentes incombant soit aux exploitants, soit aux caisses de prévoyance pourra être dé-

posé en totalité ou par annuités successives à la caisse nationale des retraites pour la vieillesse, qui devra en ce cas, inscrire les rentes au livret individuel de chaque ayant droit et
en effectuer le paiement à partir de l'âge indiqué pour l'entrée
en jouissance.

Art. 29. — Un règlement d'administration publique déterminera : la procédure à suivre pour l'introduction, l'instruction
et la solution des affaires soumises à la commission arbitrale,
le nombre, le mode de nomination et les attributions des auxiliaires de l'instruction ; le mode de nomination du mandataire
prévu par l'art. 27 et d'une manière générale les mesures nécessaires à l'application de la présente loi.

Art. 30. — Les infractions aux dispositions de l'art. 5, paragraphe 2 et des art. 15 et 23 seront punis d'une amende de 16 à
200 francs.

En cas de mauvaise foi, le chiffre de l'amende pourra être
porté à 500 francs.

Les infractions pourront être constatées, concurremment
avec les officiers de police judiciaire, par les ingénieurs et
les contrôleurs des mines.

Art. 31. — Les exploitations de minières et carrières souterraines ou à ciel ouvert pourront être assimilées aux exploitations des mines pour l'application de la présente loi, en vertu
de décrets rendus en conseil d'Etat sur la proposition du ministre des travaux publics.

BIBLIOGRAPHIE

Proposition de M. NADAUD. — *J. off.* Chambre des députés, annexes. Décembre 1879.

Proposition de M. BROSSARD. — *J. off.* Chambre des députés, annexes. Décembre 1880.

Rapport de M. NADAUD. — *J. off.* Chambre des députés, annexes. Mai 1881.

Proposition REYNEAU et GILLIOT. — *J. off.* Chambre des députés, annexes. Novembre 1882.

Proposition BROUSSE. — *J. off.* Chambre des députés, annexes. Novembre 1882.

Proposition CHAVANNE et GIRODET. — *J. off.* Chambre des députés, annexes. Mars 1882.

Rapport de M. MAZERON. — *J. off.* Chambre des députés, annexes. Juillet 1885.

Rapport de M. AUDIFFRED. — *J. off.* Chambre des députés, annexes. Mars 1887.

Rapport de M. CUVINOT. — *J. off.* Sénat, annexes. Janvier 1893.

Discussions. — *J. off.* Dates indiquées dans l'ouvrage.

Circulaires ministérielles. — *J. off.* Dates indiquées dans l'ouvrage.

TABLE DES MATIÈRES

CHAPITRE I

CHAPITRE II

CHAPITRE IV

Laval. — Imprimerie et Stéréotypie E. JAMIN, 8, rue Ricordaine,

9 782329 140612